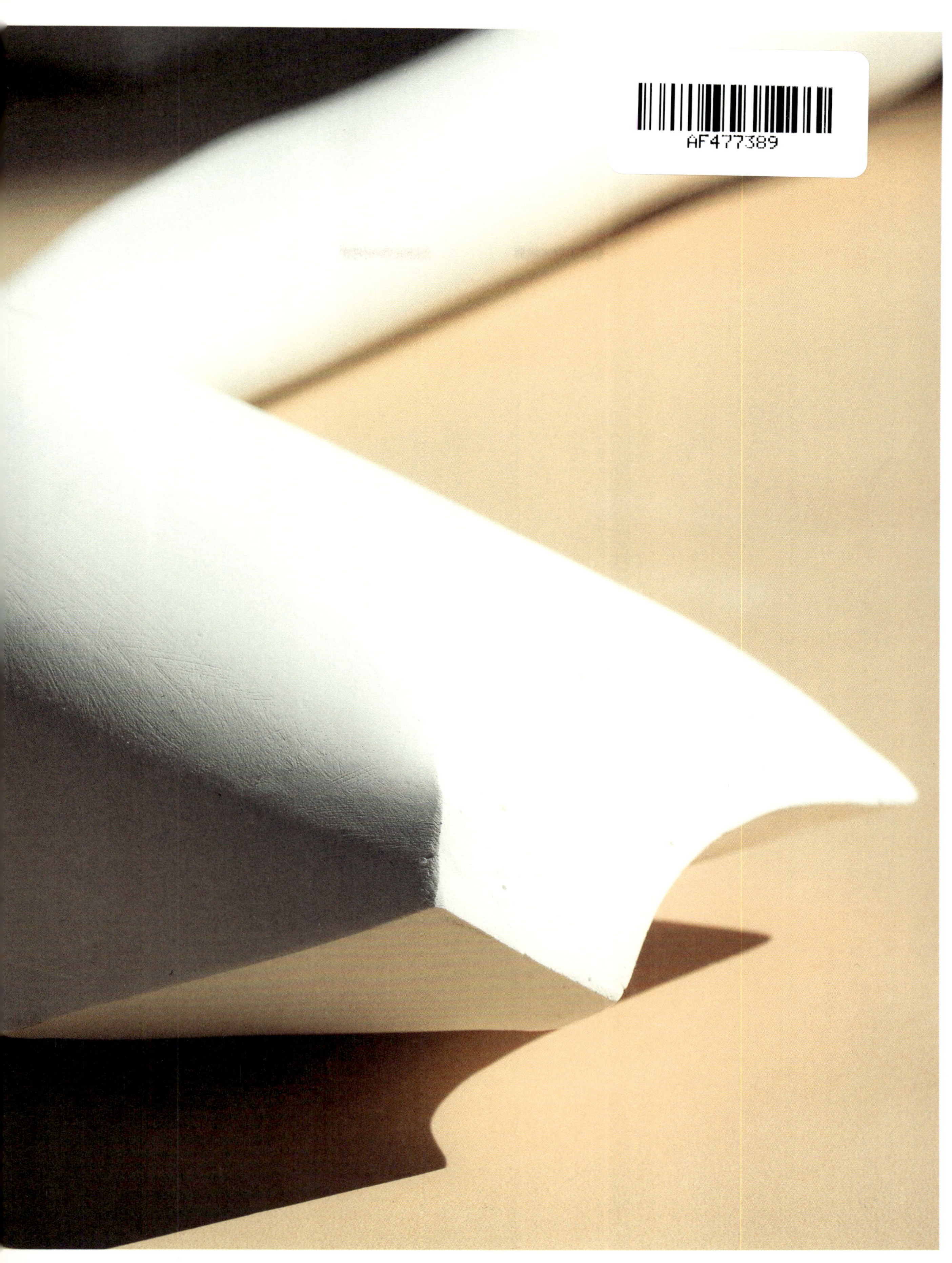

Cahier de résidence

Simon Boudvin

à la Maroquinerie des Ardennes

sous le parrainage de Giuseppe Penone

ACTES SUD | FONDATION D'ENTREPRISE HERMÈS

Des boucles de cuir aux Boucles de la Meuse : la rencontre des matières

Clément Dirié

Accueilli à la Maroquinerie des Ardennes de Bogny-sur-Meuse entre juillet et décembre 2010, Simon Boudvin a élaboré plusieurs œuvres qui rendent compte de son expérience d'un territoire, d'un savoir-faire et des hommes qui le peuplent et qui le perpétuent.

Dans le contexte des Résidences d'artistes de la Fondation d'entreprise Hermès[1], l'artiste s'est immergé au sein de la manufacture, lieu de production dédié au travail du cuir. Pendant les premières semaines, il s'est installé, avec son matériel d'artiste contemporain – livres, ordinateurs, carnets de dessins –, à l'une des tables de la manufacture, observant les artisans, leurs gestes et leur métier. Il y a notamment découvert le travail du gainage, ainsi que le processus minutieux qui transforme une peau en objet de confort et de désir. Choisi par l'artiste Giuseppe Penone, l'un des parrains de ces résidences, Simon Boudvin s'est décidé au regard de l'opportunité temporelle et matérielle[2] offerte par le programme, avec cette envie d'une "prise de risque réciproque". Au volant de sa camionnette et logeant dans un hôtel de Bogny, il a mis sa pratique au contact d'un environnement nouveau, où la prégnance de l'histoire industrielle ne pouvait le laisser indifférent. Intéressé par l'histoire des lieux – une région qui a connu plusieurs destins économiques –, il a parcouru et amplement photographié la région, notamment les Boucles de la Meuse, un territoire industriel singulier situé en pleine forêt. Le long du fleuve, dans un cadre sylvestre, se succèdent villages et sites de production créés par l'exploitation sidérurgique. Parmi ces villages, Rimogne a retenu l'attention de l'artiste pour une raison précise. C'est en effet l'un des deux sites français où l'exploitation de l'ardoise a été historiquement entreprise, entre 1158 et 1971. Un signe de ce glorieux passé ? En cherchant à la bibliothèque de Charleville-Mézières, l'artiste s'est aperçu que les planches de l'*Encyclopédie* de Diderot et d'Alembert consacrées à l'ardoise prennent pour exemple les ardoisières de Rimogne.

De cette découverte vient sans doute l'esprit de sa résidence. Il s'agira alors pour

1. Avec Elisabeth S. Clark à la Maroquinerie de Sayat, Benoît Piéron à la Holding Textile Hermès et Olivier Sévère aux Cristalleries de Saint-Louis, Simon Boudvin participe en 2010 à la première édition des Résidences d'artistes de la Fondation d'entreprise Hermès. Le programme a pour ambition de permettre chaque année à quatre jeunes plasticiens de produire une œuvre en bénéficiant de savoir-faire artisanaux d'exception, et en utilisant les matériaux des ateliers de la maison Hermès. Une exposition retraçant les premières résidences est prévue en 2013.

2. "Le contexte de la résidence m'a offert ce luxe : le temps de parcourir les terres de Rimogne pendant des mois avant de prendre la première photographie", extrait d'une lettre de l'artiste à Giuseppe Penone, décembre 2010. Toutes les citations suivantes non créditées sont issues de cette lettre.

l'artiste d'établir un parallèle entre un artisanat préindustriel désormais disparu et un savoir-faire contemporain, entre une architecture typique du Nord de la France tournée vers les sous-sols – fosses, treuils, chevalements des ardoisières – et une manufacture ouverte sur le paysage[3]. Enfin, Simon Boudvin, dont l'intérêt pour les matières et ce qu'elles expriment en creux est connu, a organisé la rencontre du cuir et de l'ardoise. S'il fallait une preuve de cette rencontre "matérielle", les titres des œuvres réalisées la fourniraient aisément : elles s'intitulent *Table 01 (Bogny)* et *Relevé 03 (Rimogne)*.

3. En 2004, la Maroquinerie des Ardennes se dote d'un bâtiment de construction écologique, entièrement vitré. Ouvert sur le paysage, d'une surface de 5 000 mètres carrés, il est conçu par l'architecte français Patrick Berger, Grand Prix national d'architecture 2004.

Une photographie [p. 11] illustre ce dialogue des matériaux : l'artiste y a embrassé une chute de cuir, provenant de la découpe d'une peau, et un morceau d'ardoise trouvé sur l'un des verdoux de Rimogne. En effet, ceux-ci sont les matérialisations à l'air libre de l'extraction en sous-sol de la matière, comme le double plein des vides situés en dessous. Pour un artiste dont nombre d'œuvres traitent du fait que, pour construire un espace quelque part, il faut en extraire ailleurs la matière, ces collines de déblais d'ardoises tout comme le travail de maroquinerie se sont révélés des sources d'inspiration[4]. Ici, se remarque surtout l'association entre un côté brut et un côté lisse, l'un taillé par l'homme, l'autre non traité[5].
À partir de cette photographie, Simon Boudvin a élaboré un travail "d'alchimie" qui change le "rebut" en œuvre d'art, grâce à un cheminement approprié à chaque matériau. De fait, sa démarche est autant, si ce n'est plus, un travail de modification de l'existant que de création de nouvelles formes. Giuseppe Penone indique : "Le dialogue subtil qui se crée entre les matériaux que tu veux utiliser amène à une réflexion qui met en discussion l'objet que tu présentes et concentre l'imagination sur la valeur des actions, parfois humbles et apparemment insignifiantes, qui ont été nécessaires pour la création de l'œuvre. C'est une belle métaphore spécialement pour le contexte dans lequel tu opères, l'usine, où le travail, la précision et la qualité des gestes des personnes qui produisent déterminent la qualité du produit."

4. Tout comme les carrières autour de Paris sont l'envers des bâtiments haussmanniens parisiens. Voir, à ce sujet, la série des *Exométries* (2005-2009). Ou celle des *Billes* pour lesquelles l'artiste compose des formes artisanales à partir du bois démonté d'une maison, d'une cabane (*Bille 01* et *Bille 02*, 2010).

5. Dans un entretien récent, Caroline Soyez-Petithomme note justement : "Ce sont autant les formes érigées que les cycles de déplacement, d'utilisation et de recyclage de la matière qui le fascinent.", *in* "Entretien avec Simon Boudvin", *Multitudes*, 3/2011, n° 46, p. 38-40.

Pour *Table 01 (Bogny)*, l'artiste s'est donc intéressé à la manière dont les artisans travaillent le cuir, s'inspirant du mode opératoire nécessaire à la fabrication d'un sac[6]. Il explique : "La table a été réalisée par un ébéniste de Charleville aux dimensions d'une vache. Je veux dire : nous avons découpé le rectangle maximal compris dans une peau de vache. Ce rectangle est devenu le sous-main, le dessus

6. Depuis *Table 01 (Bogny)* réalisée pendant sa résidence à la manufacture, Simon Boudvin a créé en 2011 *Table 02 (Chelles)* et *Table 03 (Gênes)*.

d'une table légèrement plus grande. J'ai gardé les chutes – c'est-à-dire la vache moins la table, des marges, restes aux contours droits d'un côté, courbes de l'autre. Je les ai adoptées comme patrons de sculptures. Chaque chute pouvait être fermée sur elle-même, elle générait automatiquement des formes (c'est le geste inverse du tanneur qui met à plat la surface de la vache [...]). Pas assez parfaites, abstraites dans leur matière initiale, je les ai dupliquées en carton, puis en caoutchouc, pour finalement les couler en plâtre. Comme cela, elles étaient blanches, du blanc des fossiles calcaires ou des modèles anciens des volumes mathématiques (comme ceux photographiés par Man Ray et Sugimoto).
En fait, on dirait des berlingots qui mélangent courbes douces et faces géométriques, parfois longs, jamais trop gros (on peut aisément les saisir d'une main). Leur forme est abstraite, mais dépend réellement de celles d'une peau, d'une table, du format de nos mains. [Les formes] sont finalement sept, placées sur la table [p. 22-25][7]."
À lire ces lignes, on comprend ce qui a retenu l'attention de l'artiste dans le travail du cuir : le processus de transformations successives, le jeu des étapes donnant forme à un objet à partir d'un autre déjà existant [p. 18-21]. Réalisée à partir d'une chute de peau, *Table 01 (Bogny)* est à la fois une œuvre et un principe de monstration, une réunion d'éléments divers qui disent ensemble, et avec une certaine sensualité, la métamorphose des éléments (cuir, caoutchouc, plâtre). Sur le plateau, l'artiste a déposé le résultat alchimique, dans les tiroirs, les chutes du cuir. Il a ainsi reconstitué en une œuvre unique l'ensemble des gestes nécessaires à sa création, la peau dans toutes ses incarnations. Et ceci, en créant de nouvelles formes à l'échelle de la main, à la fois atemporelles et familières.

La seconde œuvre *Relevé 03 (Rimogne)* se compose de plusieurs éléments : trois photographies et une impression laser. Ils s'inscrivent dans la lignée d'œuvres antérieures de l'artiste, lui donnant l'occasion d'une nouvelle variation mais aussi d'une nouvelle proposition d'organisation du photographique.
Comme pour *Relevé 01 (Tas de gravats)* et *Relevé 02 (Les Arques)*, *Relevé 03 (Rimogne)* s'avère être la cartographie d'un territoire, révélant ce que l'œil humain peut naturellement voir d'un paysage donné mais aussi ce qui lui est caché. L'impression [p. 16] reprend ce vocabulaire architectural que l'artiste maîtrise parfaitement, montrant plans, coupes et élévations d'une maison à l'apparence banale du village de Rimogne [p. 17]. C'est en fait la voûte, lieu nodal permettant d'accéder aux galeries d'où l'ardoise est extraite[8].

7. Il poursuit : "La mise au format de la matière pour devenir matériau avant même de devenir objet manufacturé produit ces restes. Cette soustraction incomplète pourrait être comprise écologiquement dans l'équation nature/culture. La nature est excédentaire et dépense sans compter. Les processus de mise en forme artificielle sélectionnent la crème, rejettent le petit-lait, la matière pauvre, le matériel inutilisable, en marge des faire productifs. C'est littéralement une mine pour alimenter des travaux de sculptures et des réflexions sur le travail."

8. Simon Boudvin explique : "Une maison bétonnée, perchée sur un verdoux, correspondait à la description que j'avais de la voûte, l'entrée principale des ardoisiers. C'est une caricature de maison avec son toit à double pente, ses enduits, ses fenêtres à six carreaux, son jardinet. J'ai entrepris d'en faire un relevé métré. [...] Un coin manque à l'inventaire, l'une des salles reste inaccessible, ne possède aucune porte sur le couloir ou les bureaux, sinon, seulement celles – murées – de l'extérieur. C'est la salle qui contient le gouffre."

Ce qui passionne l'artiste avec *Relevé 03 (Rimogne)*, c'est d'établir un relevé au lendemain du développement industriel d'un site de production[9]. Pour cela, il a parcouru le village, sans jamais descendre dans les souterrains, y cherchant à la surface les traces de cette activité souterraine, les "affleurements". De ses arpentages, de ses rencontres et de ses lectures, il a extrait trois photographies, lesquelles constituent moins une synthèse de sa vision que des carottages de ce territoire singulier. Il décrit ainsi les deux premières : "Une réduction à un trou et à un tas, plus exactement une descenderie et un verdoux." Le trou est la plus vieille entrée de galerie du site, annonçant sans effet spectaculaire le dense réseau souterrain ; "il est incliné (même triangulaire, sombre, humide)" [p. 13]. Le tas est l'un de ces fameux verdoux, un terril d'ardoise, preuve que le sol a été vidé de sa matière [p. 12]. La troisième photographie est en fait un montage de plusieurs clichés qui, regroupés, forment une cartographie de la zone, réalisée selon des perspectives plus ou moins détaillées : ici, le chevalement métallique abandonné, vestige des anciennes exploitations [p. 14], là, un détail de verdoux [p. 15]. C'est la première fois que l'artiste organise ainsi son matériel photographique, à l'image d'une carte géographique, laissant entre les images le blanc nécessaire à notre imagination.

9. Simon Boudvin : "Je me suis ainsi proposé de mettre à jour et à ma manière les planches de l'*Encyclopédie* concernant les ardoisières de Rimogne, une fois l'activité révolue."

La résidence de Simon Boudvin a constitué un moment d'exploration d'un territoire, d'assimilation de savoir-faire révolus et contemporains, et d'études sur le cycle de la matière. Pour témoigner du dialogue entre l'univers du cuir et celui de l'ardoise, deux expositions furent organisées à l'issue de sa résidence. Emblématiquement, leurs localisations signent ce va-et-vient fructueux entre les univers.

La première, au sein de la manufacture des Ardennes, a restitué aux artisans la perception par l'artiste de leur métier, exposant notamment au cœur du lieu de production *Table 01 (Bogny)*, ce résumé saisissant des processus du travail du cuir. La seconde s'est déroulée au musée des Minéraux et Fossiles de Bogny-sur-Meuse où les photographies des ardoisières dialoguaient avec de réels prélèvements minéraux, où les fossiles paléontologiques reprenaient le cours de l'histoire au contact des formes en plâtre et des lignes de cuir.

Table 01 (Bogny)
et Relevé 03 (Rimogne)

à la Maroquinerie des Ardennes

Les deux œuvres produites pendant la résidence sont *Table 01 (Bogny)*, 2010, chêne et cuir naturel, plâtre, 136 x 116 x 80
et *Relevé 03 (Rimogne)*, 2010, trois photographies (120 x 150 cm), une impression laser (format
The two works produced during the residency are *Table 01 (Bogny)*, 2010: oak, natural leather, plaster, 136 x 116 x 80cm,
Relevé 02 (Rimogne): 2010, three photographs (120 x 150 cm), laser print (A0 form

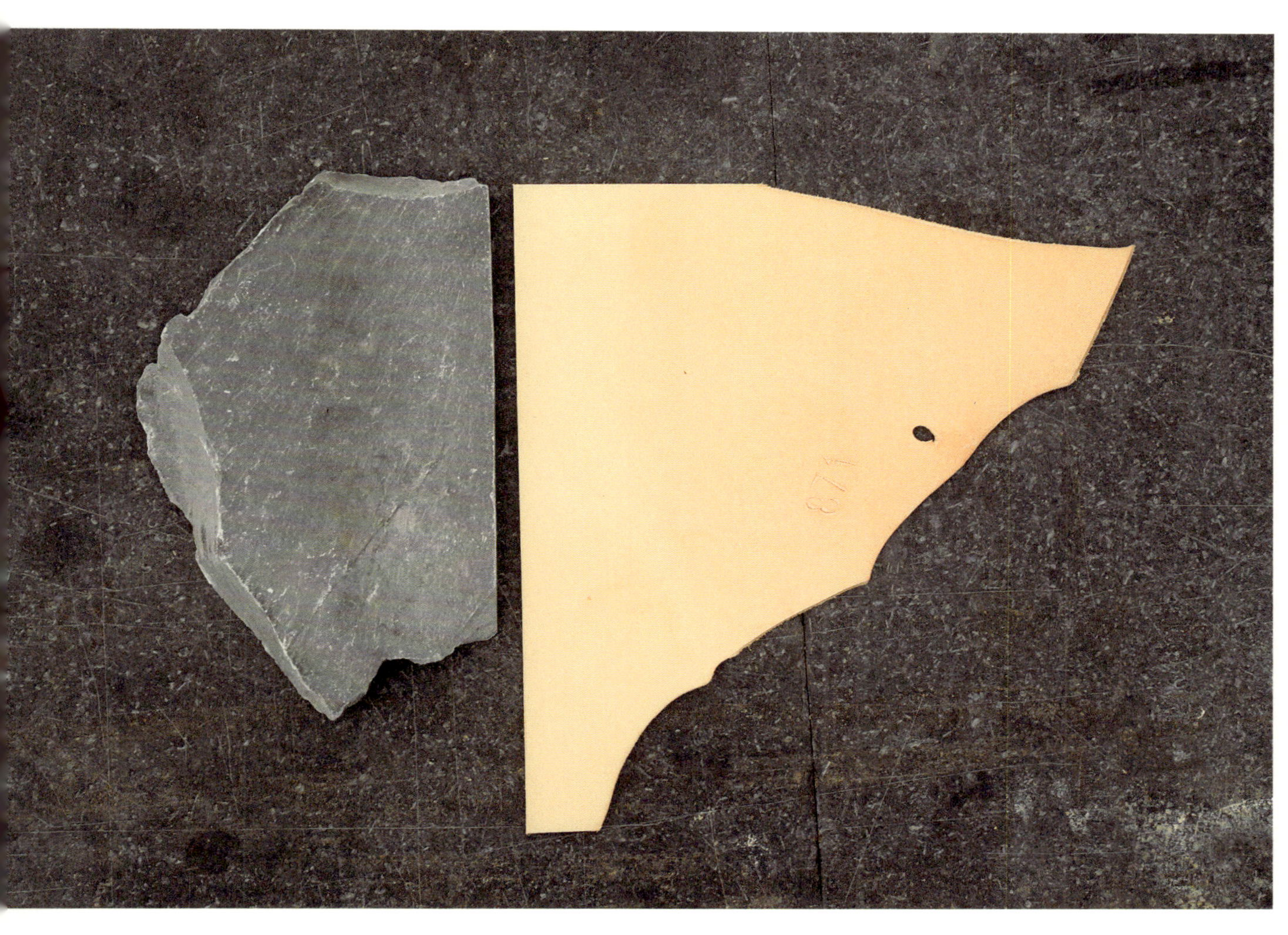

ute de cuir de la maroquinerie de Bogny et chute d'ardoise d'une ardoisière de Rimogne.
ather off-cut from the Bogny leather factory and waste slate from a slate mine in Rimogne.

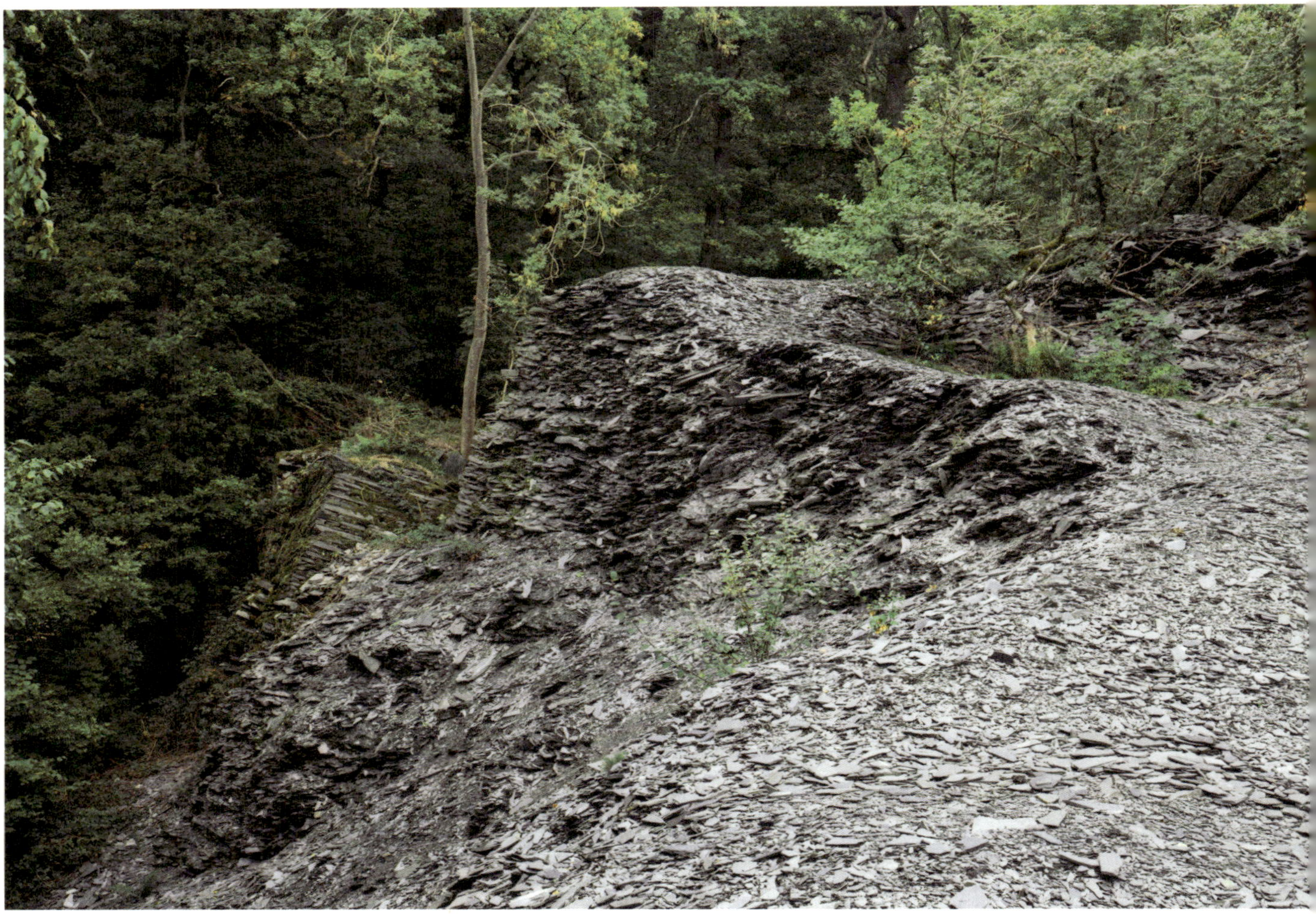

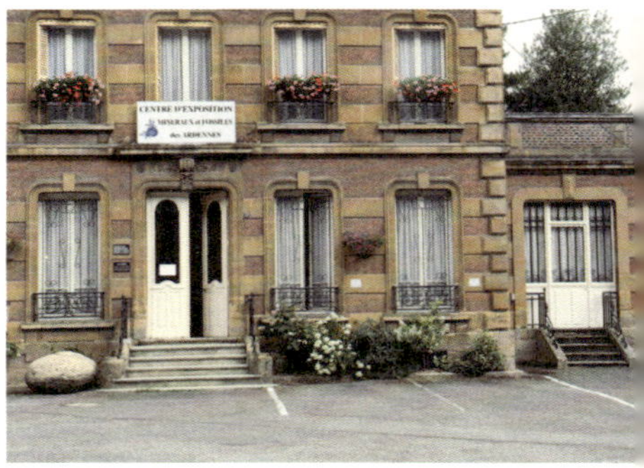

De haut en bas : *Relevé 03 (Rimogne)*, verdoux ; vue du musée des Minéraux et Fossiles des Ardenne
From top: *Relevé 03 (Rimogne)*, waste slate; view of the Ardennes mineral and fossil museu

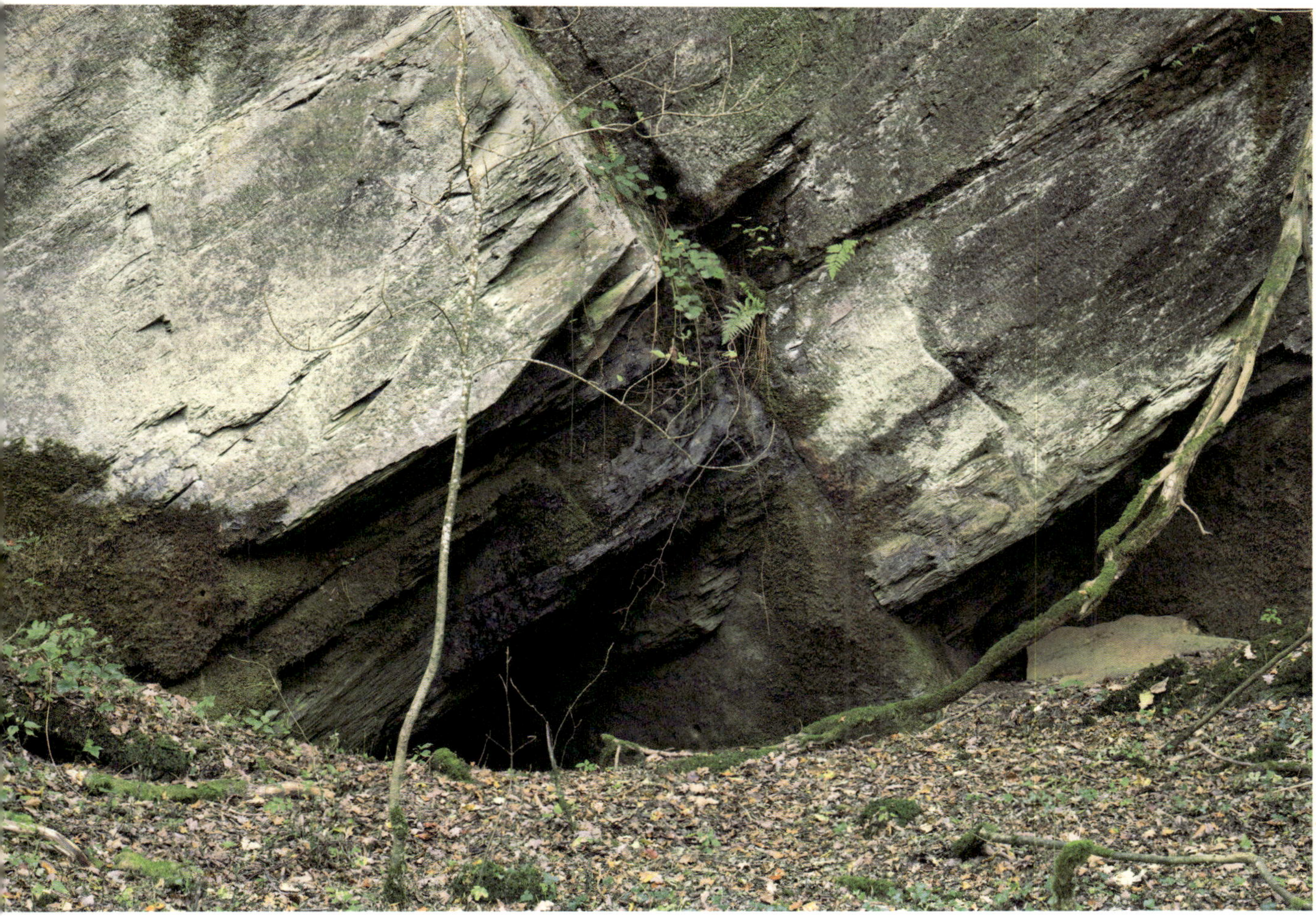

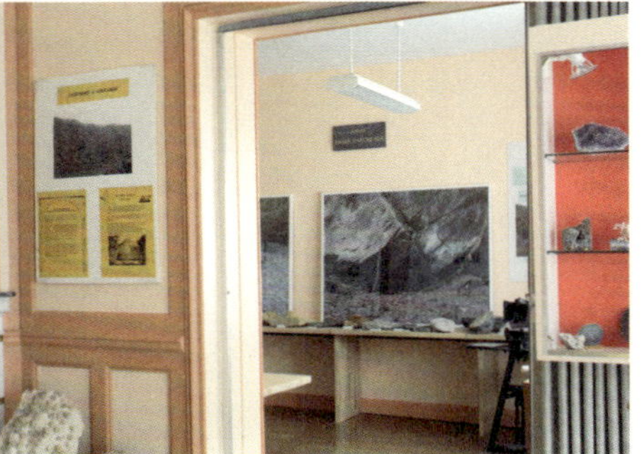

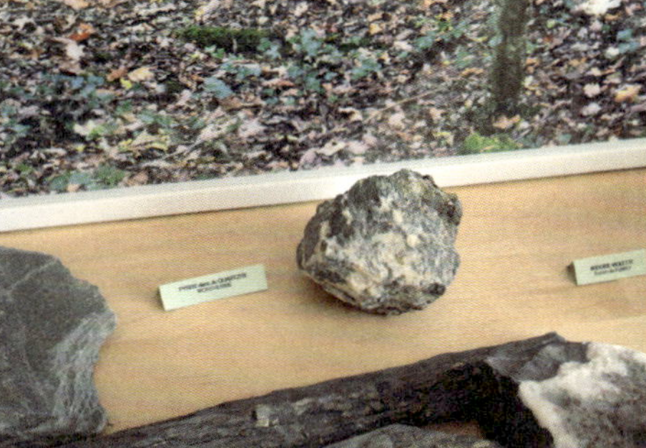

e haut en bas : *Relevé 03 (Rimogne)*, descenderie ; vues du musée, salle de géologie ardennaise.
om top: *Relevé 03 (Rimogne)*, winze; views of the museum, room showing the geology of the Ardennes.

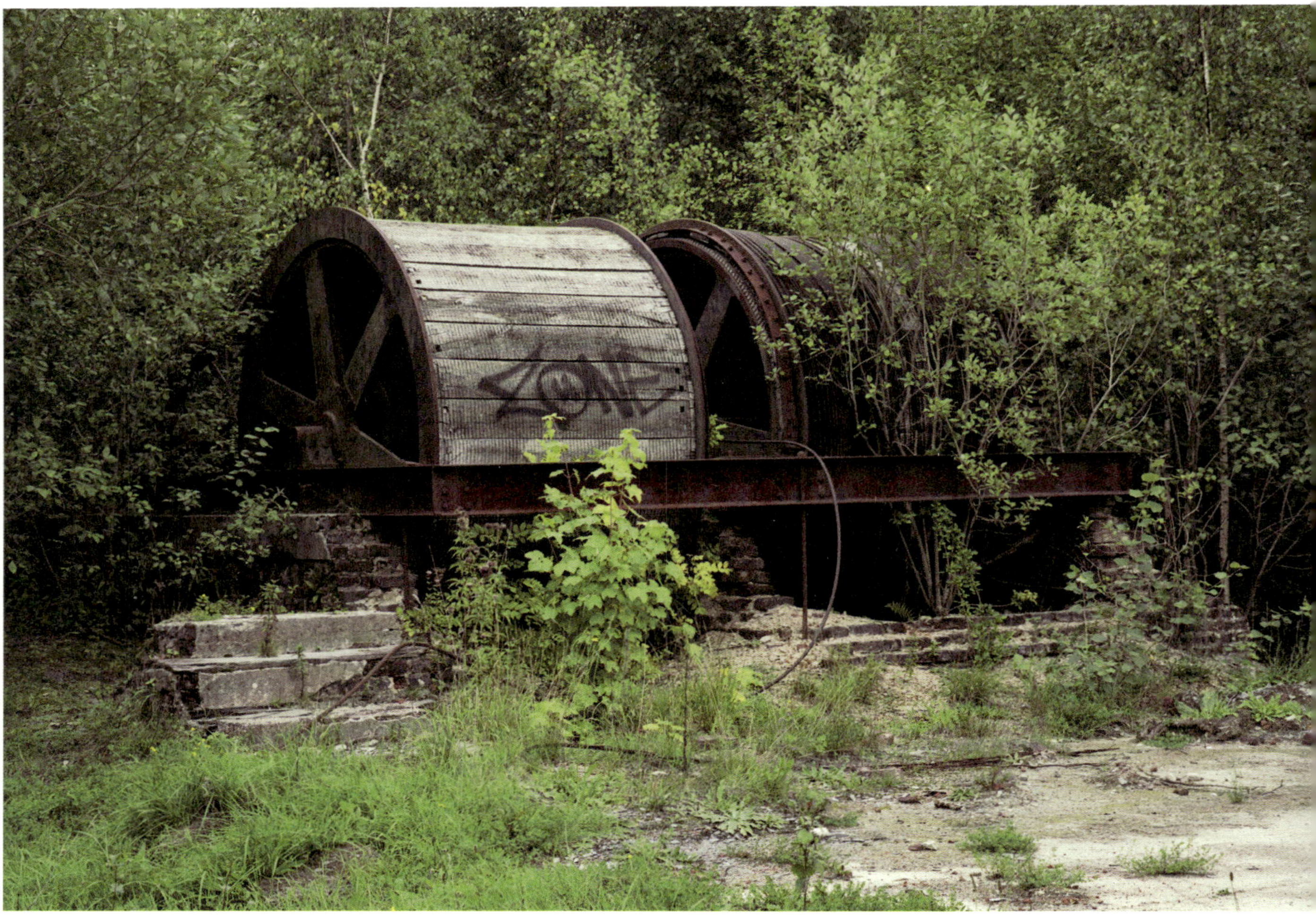

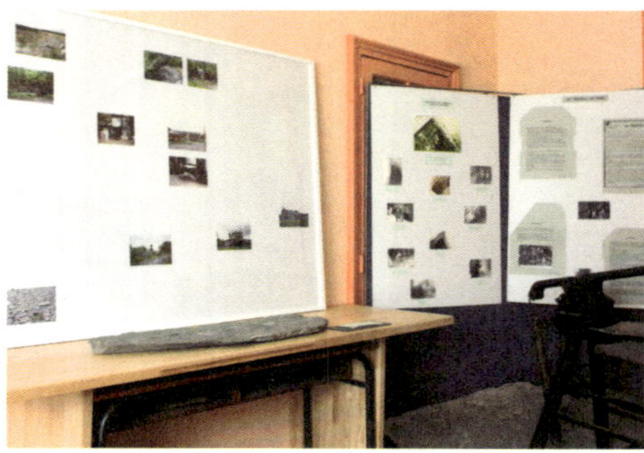

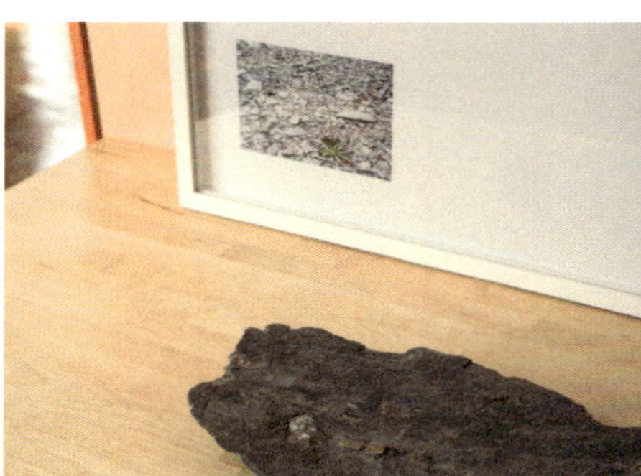

De haut en bas : *Relevé 03 (Rimogne)*, tambours ; vues du musée des Minéraux et Fossiles des Ardenne
From top: *Relevé 03 (Rimogne)*, drums; views of the Ardennes mineral and fossil museu

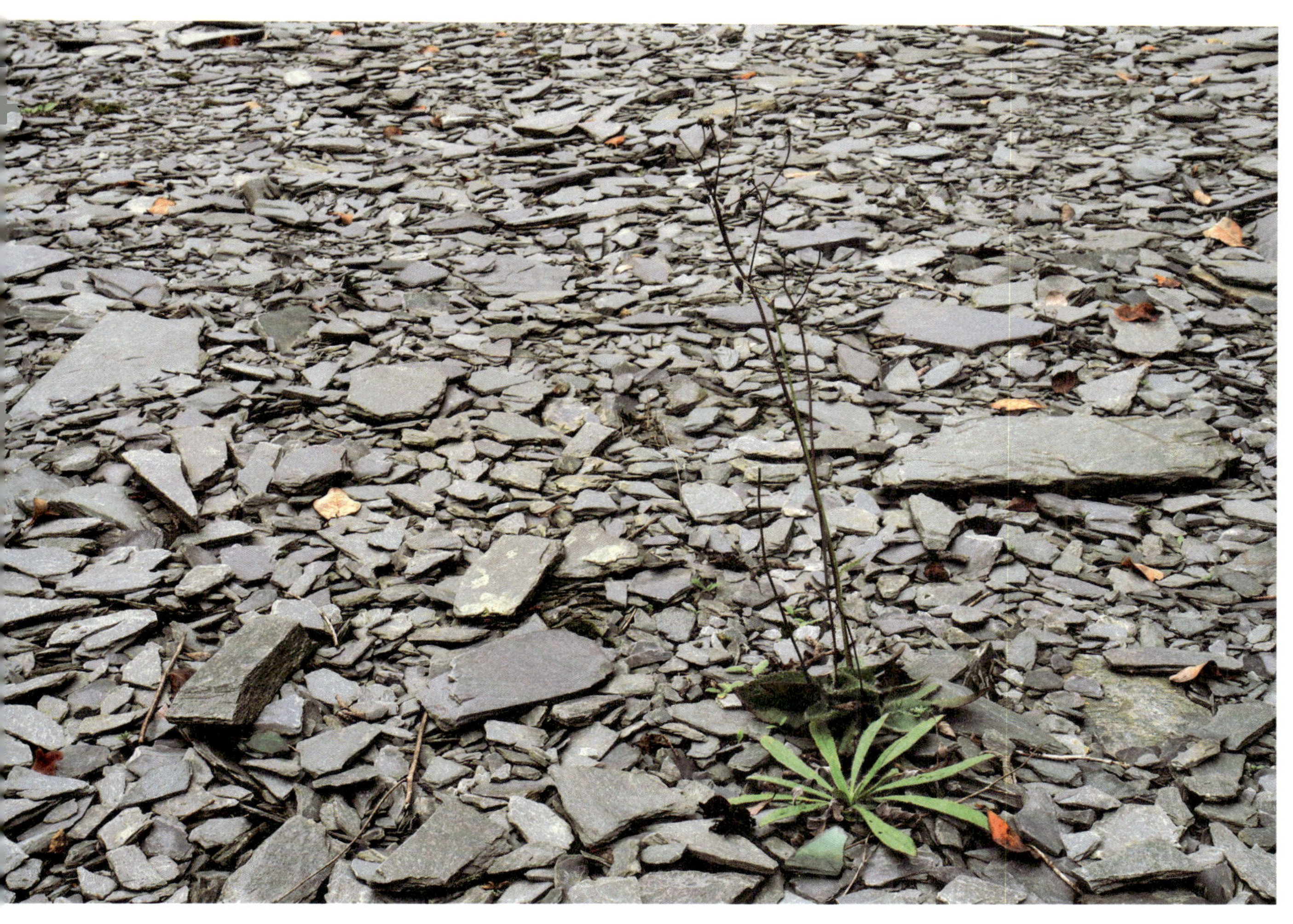

levé 03 (Rimogne), verdoux.
levé 03 (Rimogne), slag.

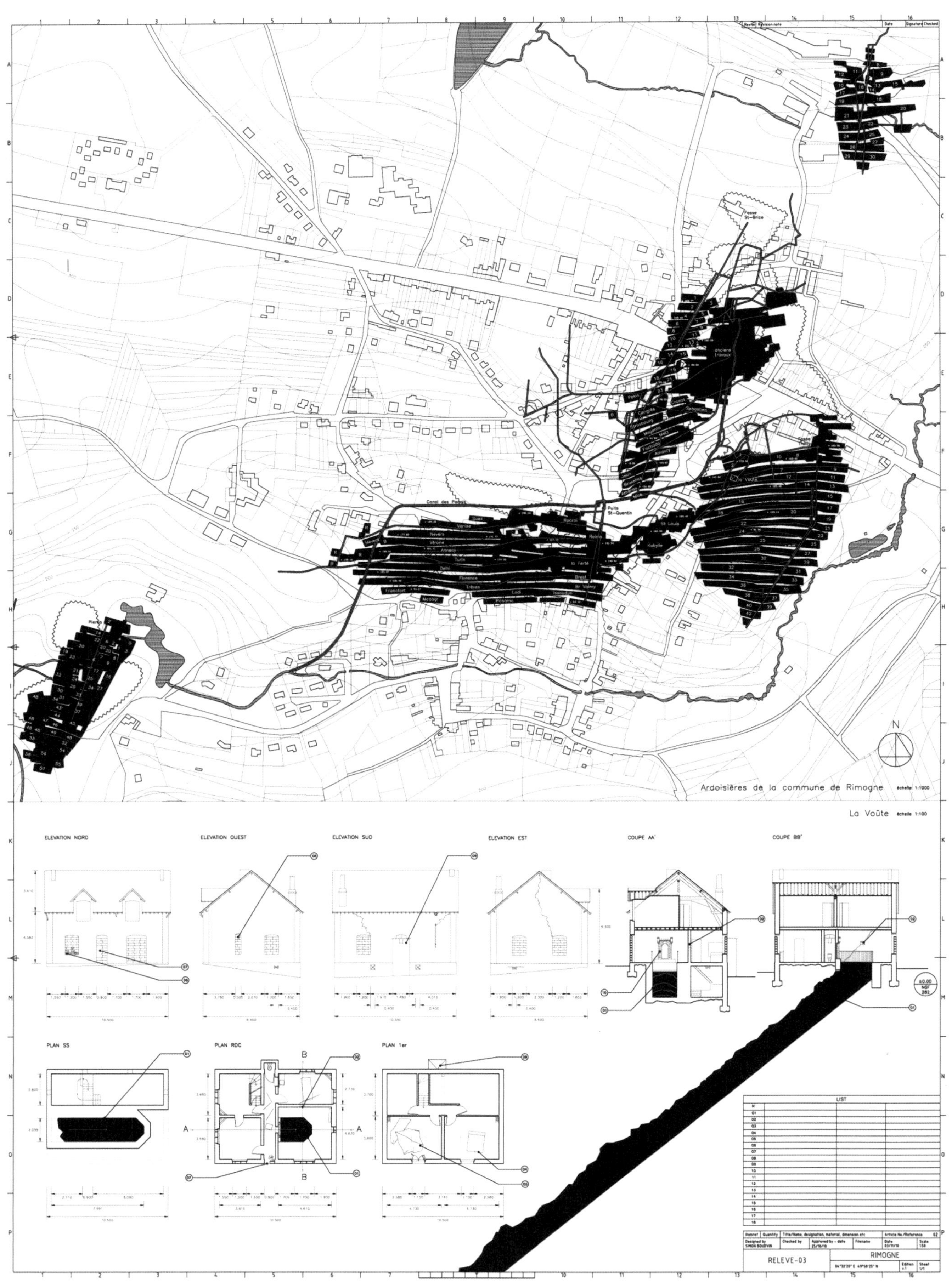
Fosse St-Brice
Puits St-Quentin
Anciens travaux
Ardoisières de la commune de Rimogne échelle 1:1000
La Voûte échelle 1:100
ELEVATION NORD
ELEVATION OUEST
ELEVATION SUD
ELEVATION EST
COUPE AA'
COUPE BB'
PLAN SS
PLAN RDC
PLAN 1er
LIST
Itemref
Quantity
Title/Name, designation, material, dimension etc
Article No./Reference 02
Designed by SIMON BOUDVIN
Checked by
Approved by - date 25/10/10
Filename
Date 03/11/10
Scale 1:50
RELEVE-03
RIMOGNE
04°32'20" E 49°58'25" N
Edition v.1
Sheet 1/1

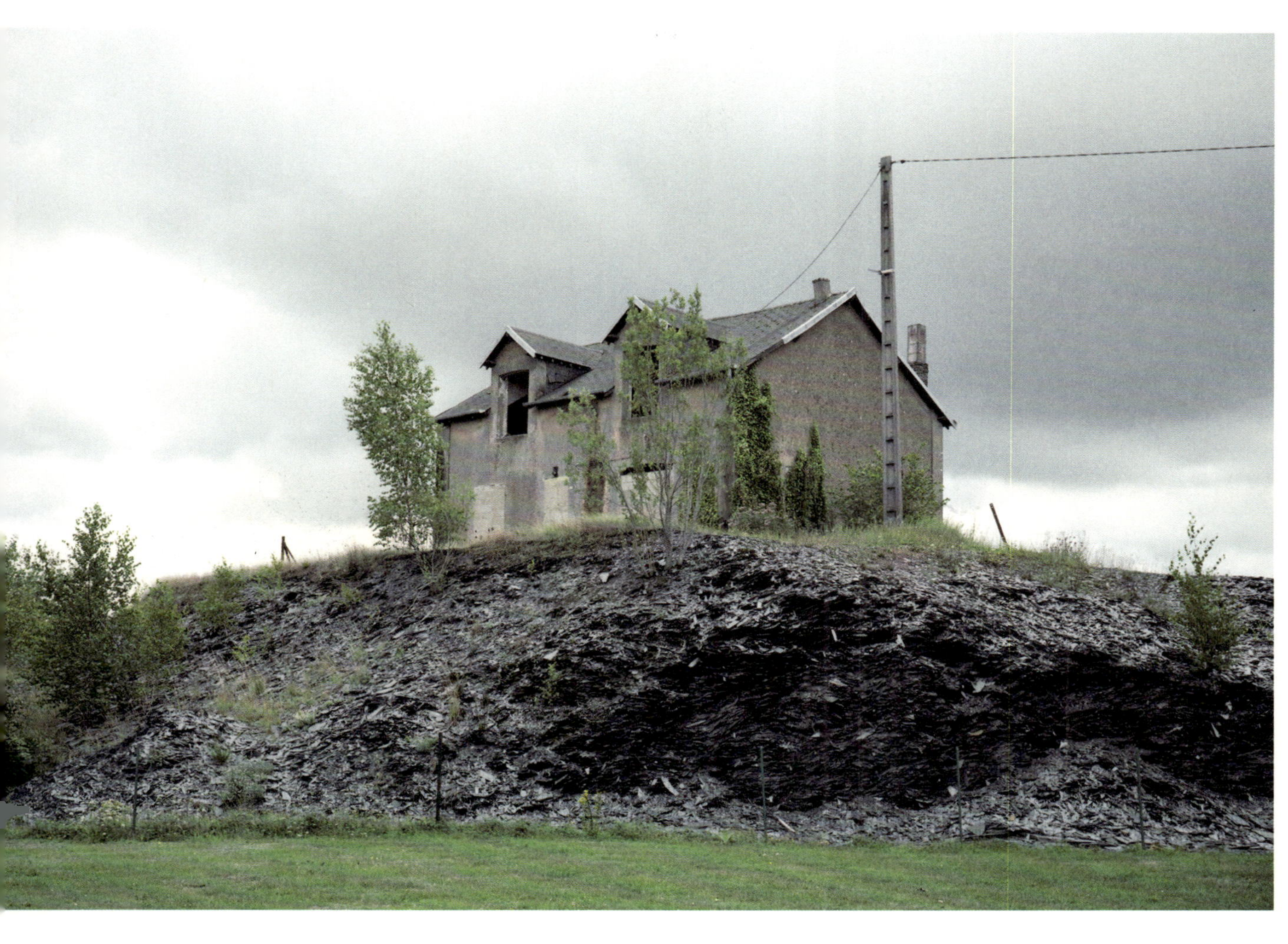

levé 03 (Rimogne), la voûte (entrée principale des ardoisiers). Page de gauche : *Relevé 03 (Rimogne)*, plan des galeries souterraines, de la voûte.
levé 03 (Rimogne), the vault (main entrance to slate mine). Left-hand page: *Relevé 03 (Rimogne)*, plan of the underground galleries of the vault.

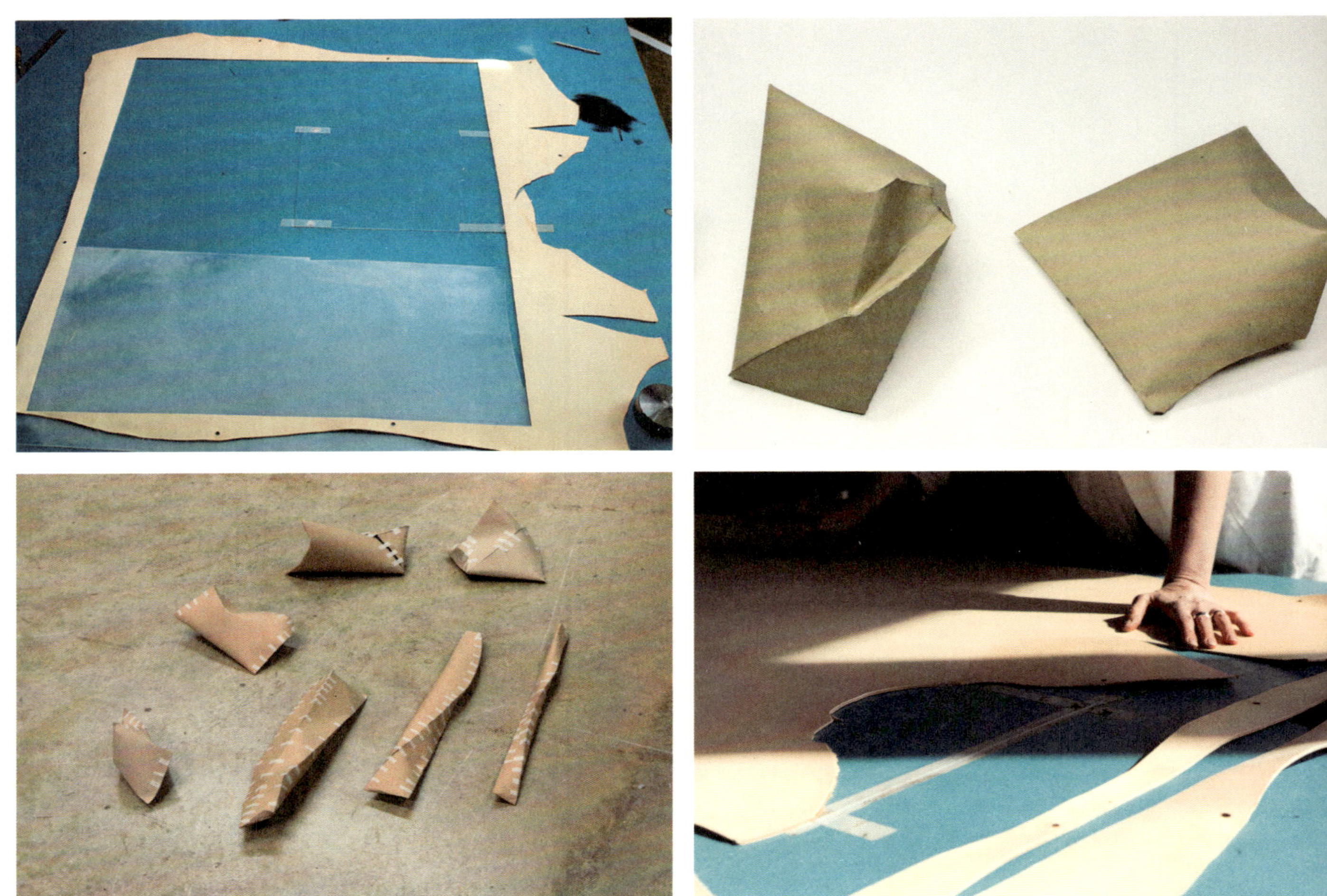

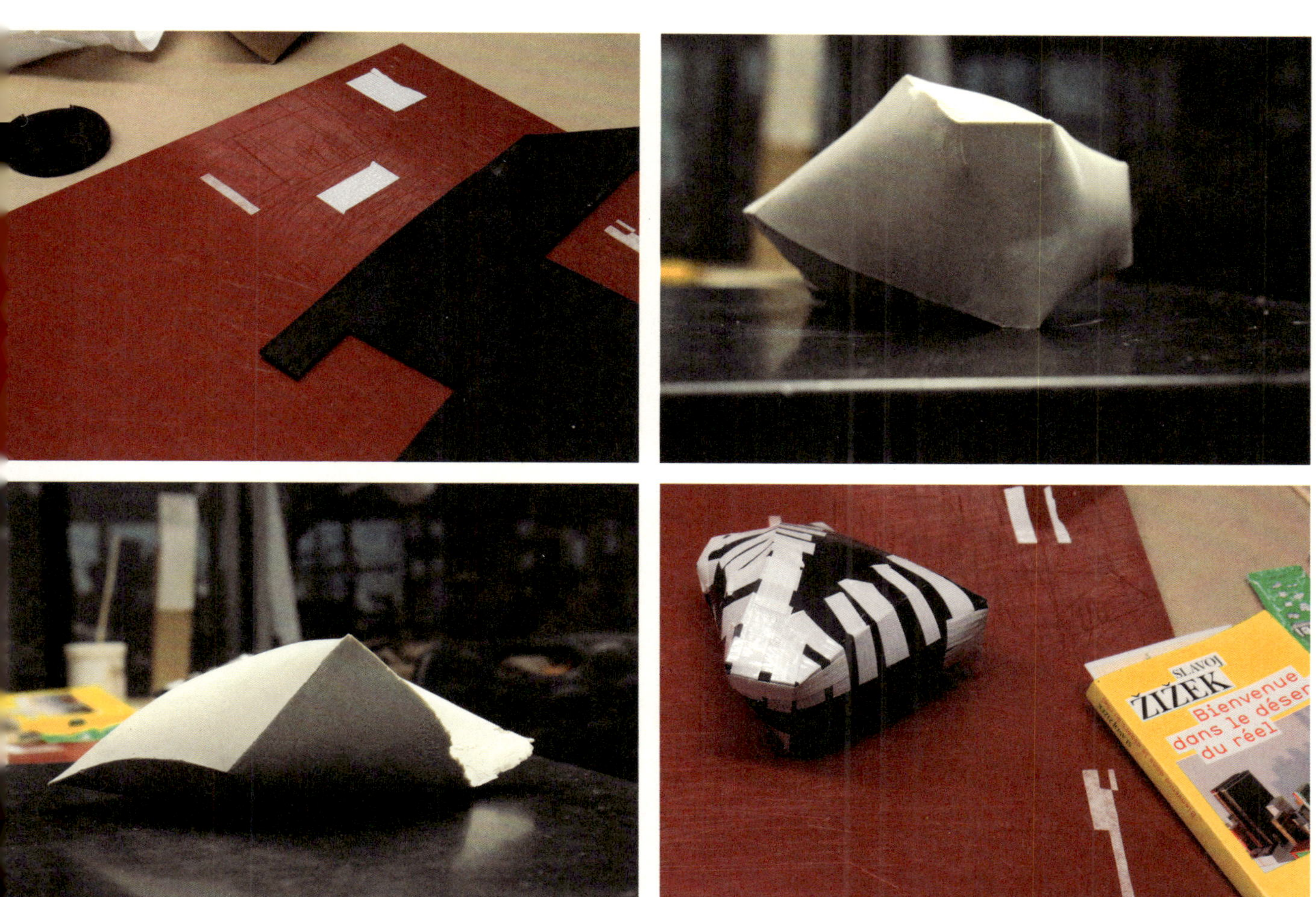

avail à la Maroquinerie des Ardennes. Chutes de cuir issues d'une coupe. Essais de volumes à partir des chutes/patrons dupliqués en carton. Réalisation des plâtres.
ork at the Maroquinerie des Ardennes. Leather off-cuts. Trying shapes using off-cuts/duplicated patterns in cardboard. Making the plaster pieces.

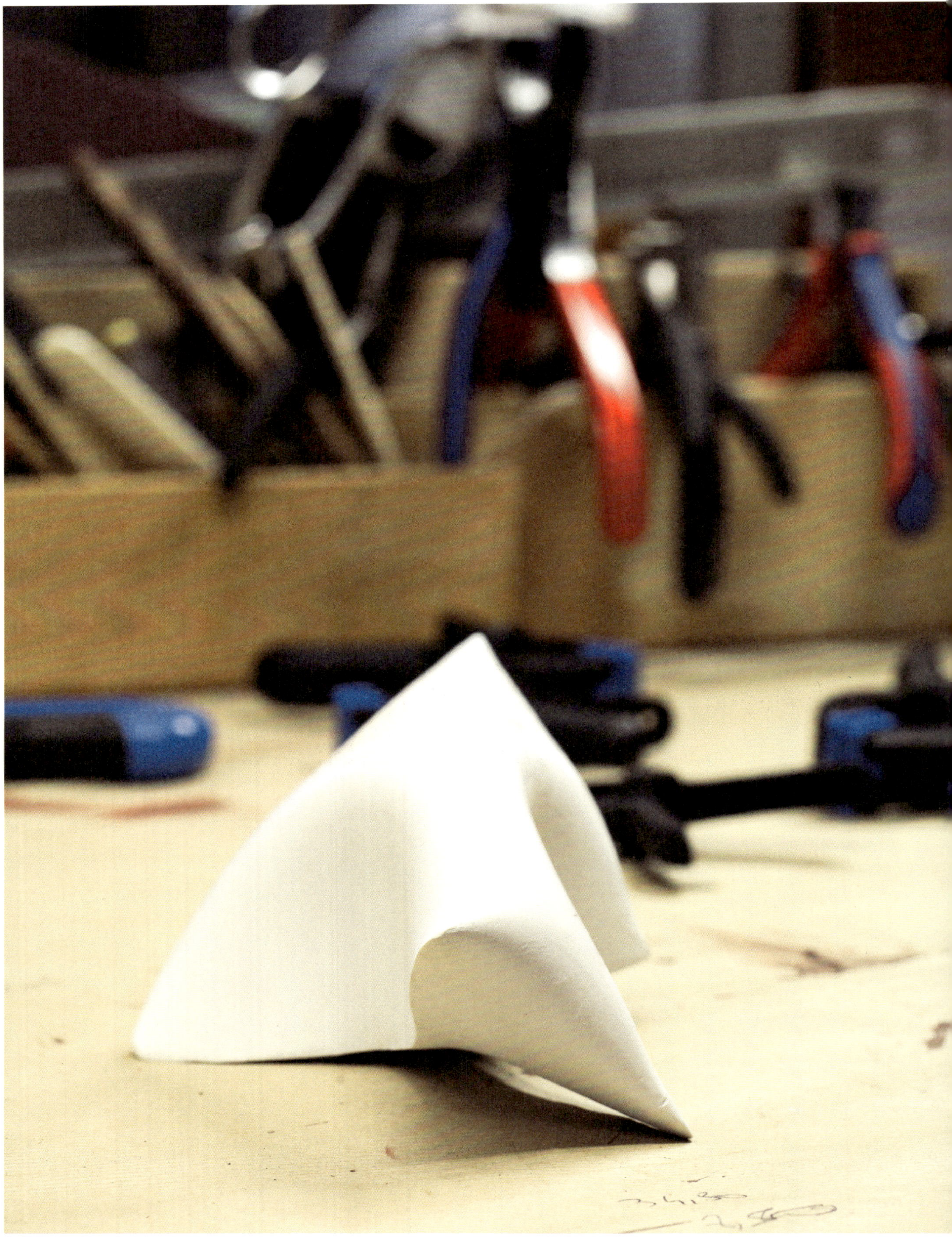

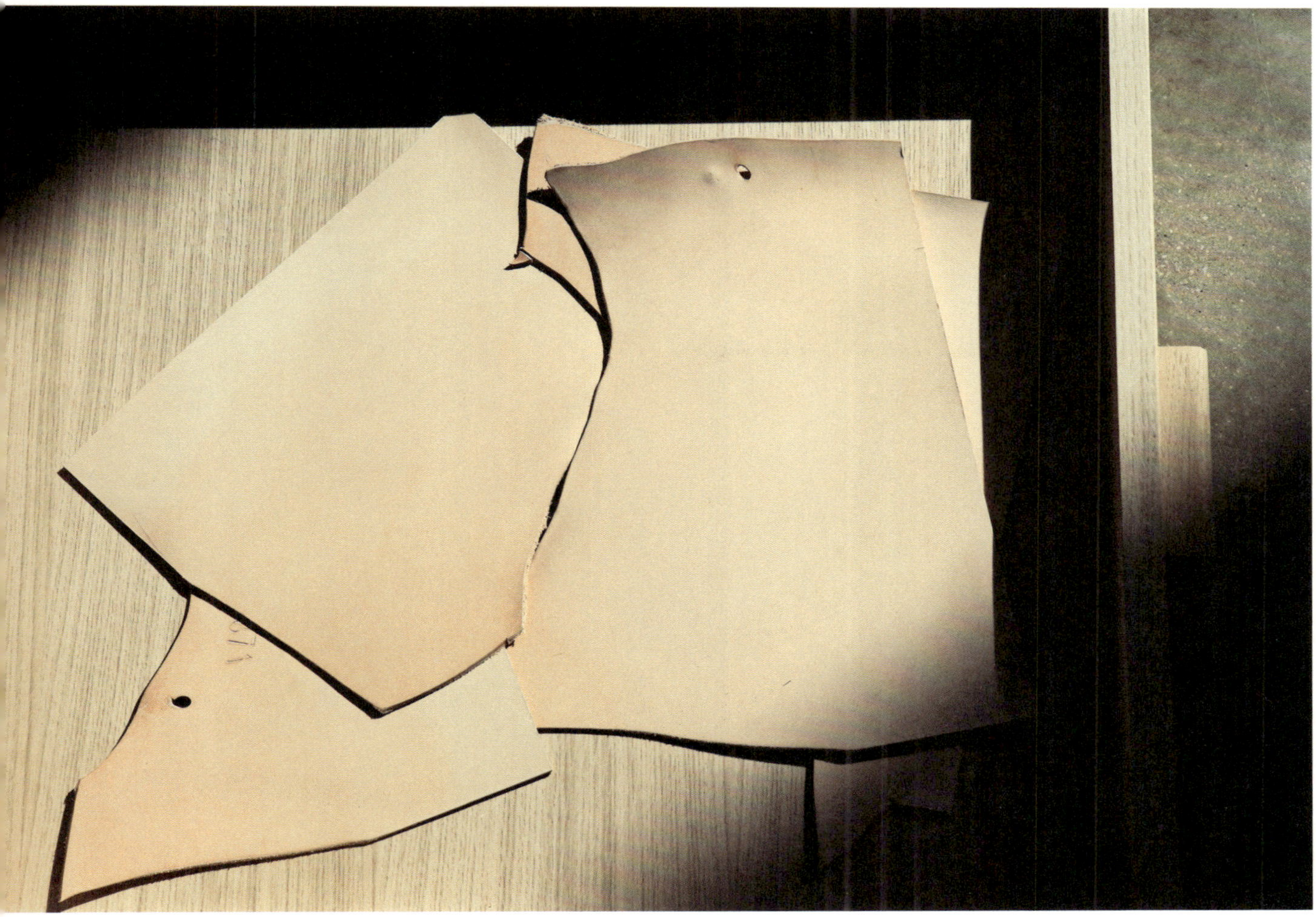

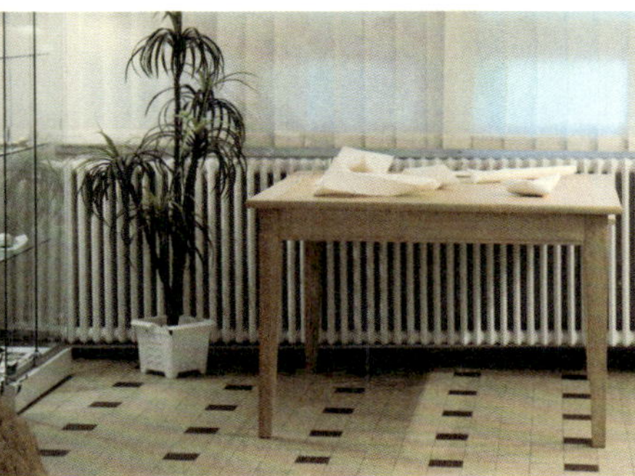

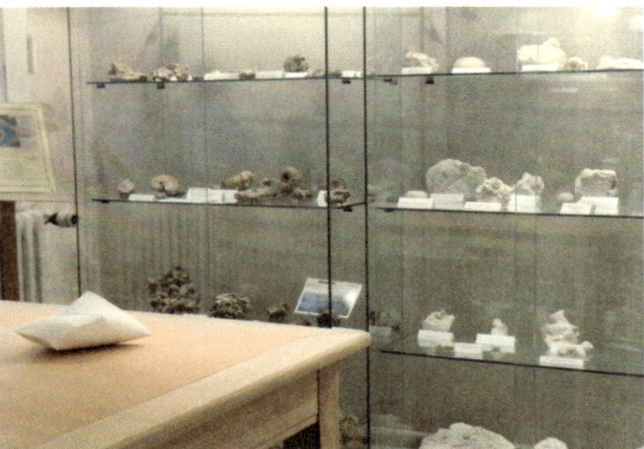

e haut en bas : Chutes de cuir ; vues du musée, salle de paléontologie ardennaise.
om top: Leather off-cuts; views of the museum, Ardennes palaeontology room.

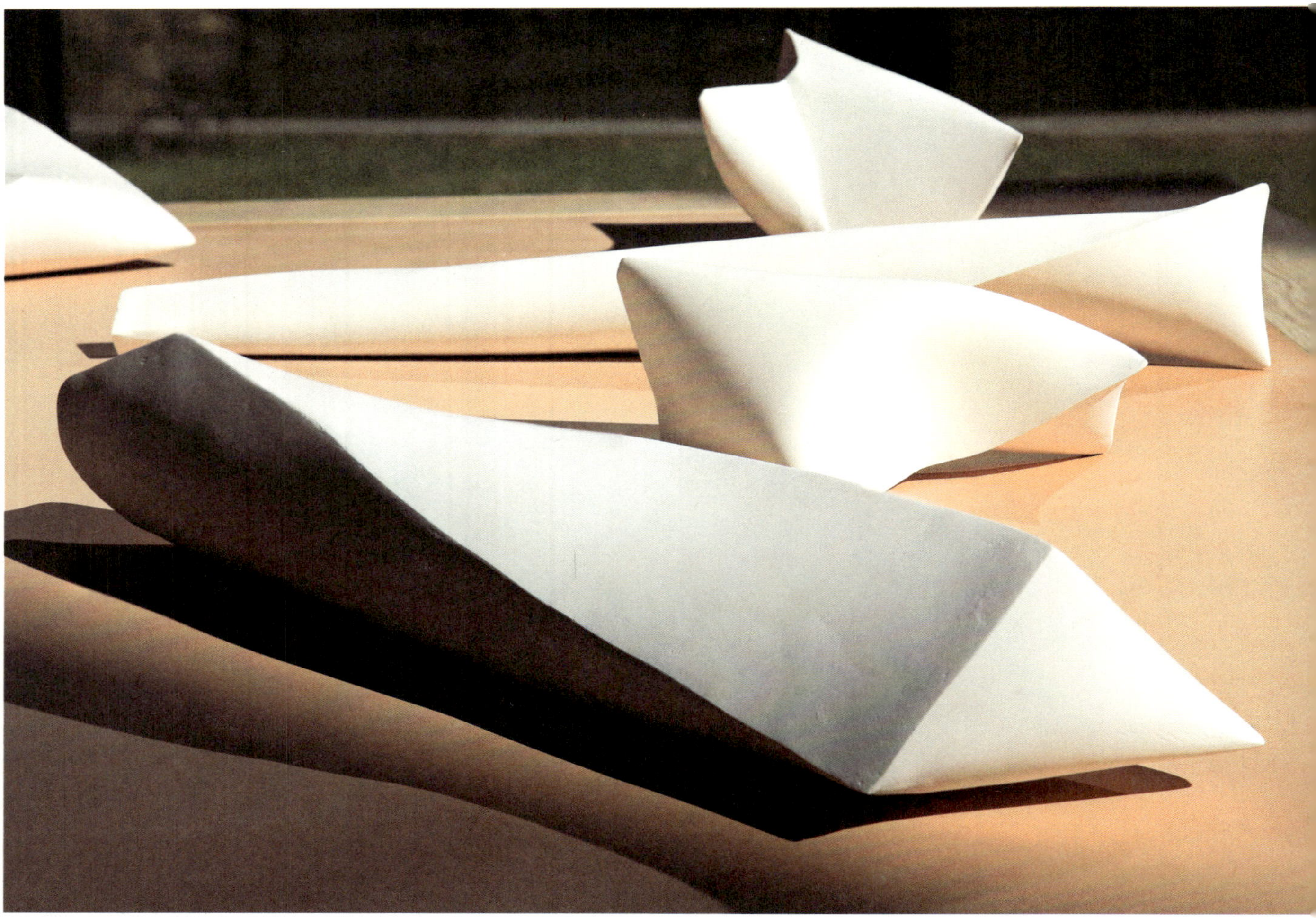

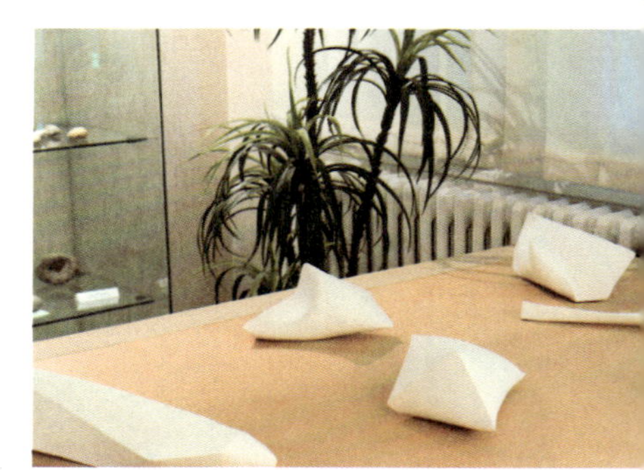

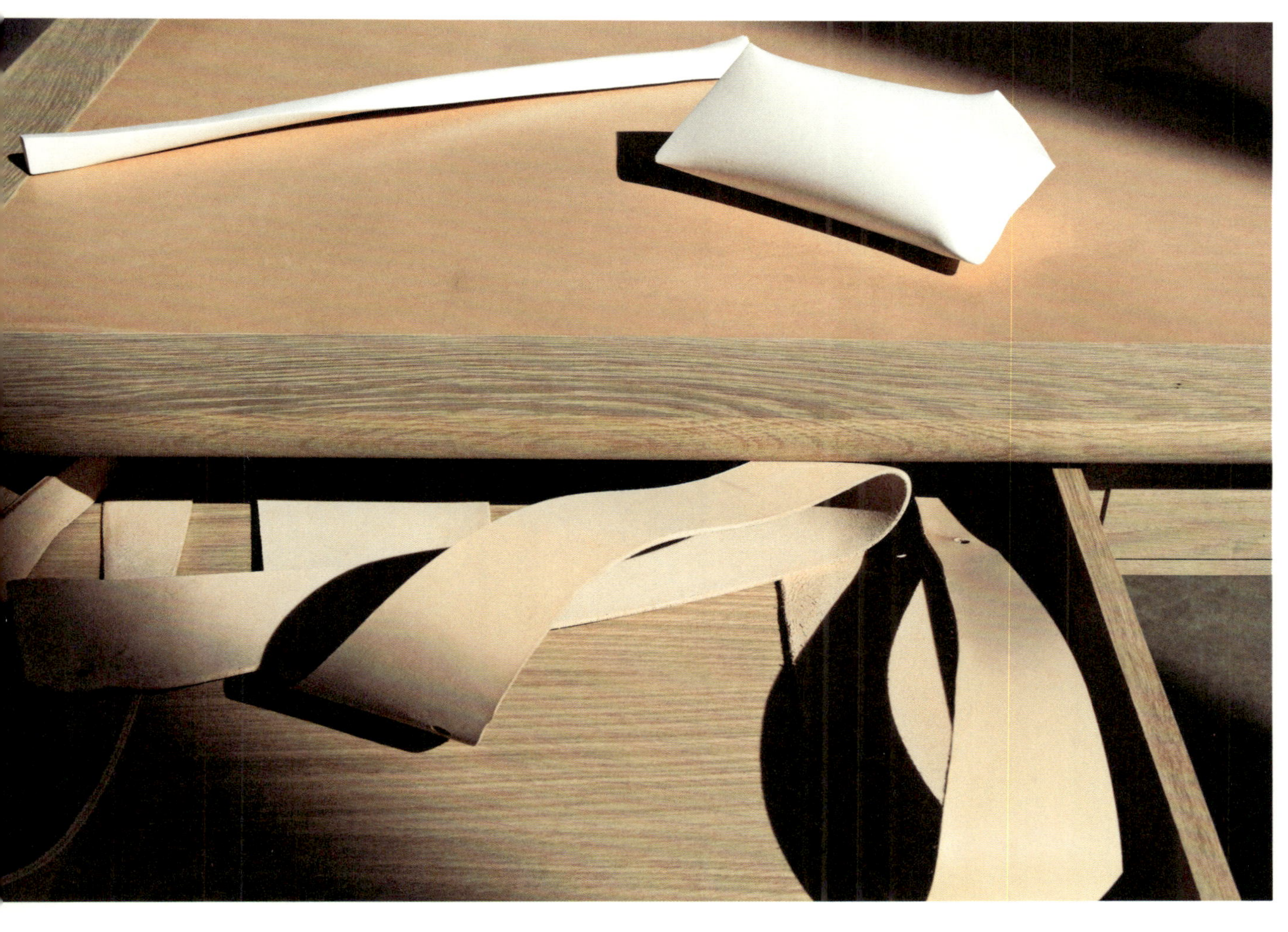

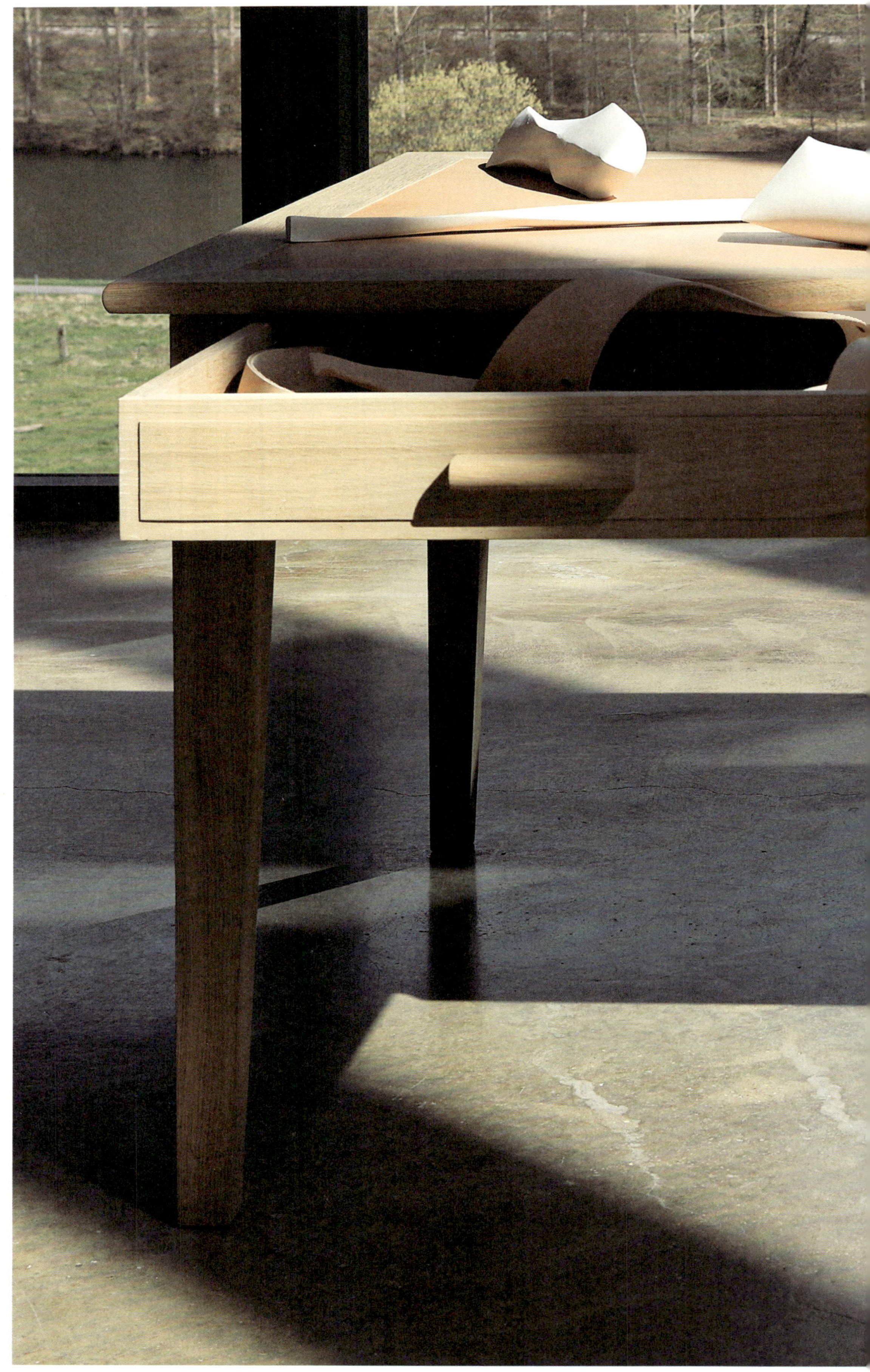

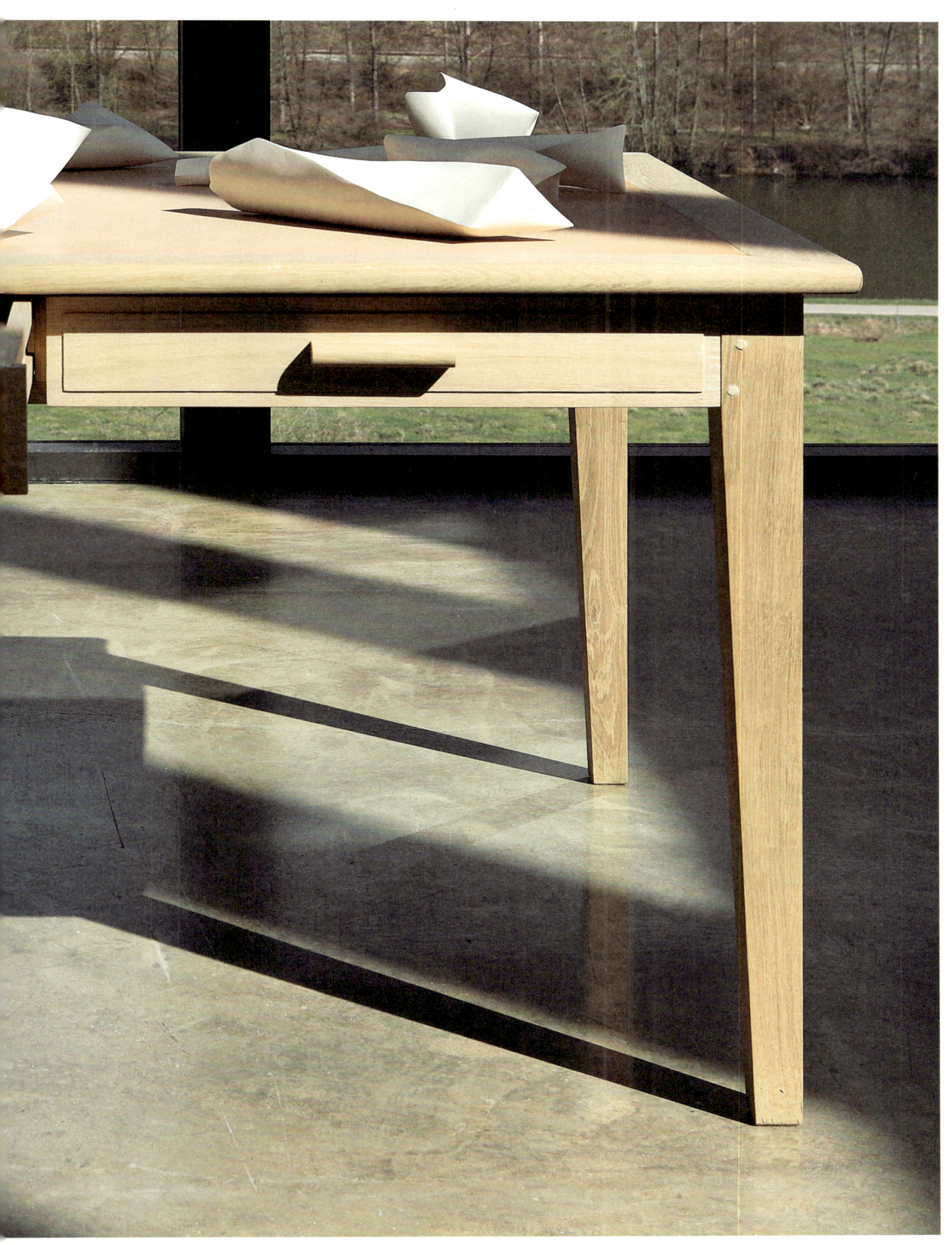

Leather loops and Boucles de la Meuse: a meeting of materials

Clément Dirié

As artist in residence at the Maroquinerie des Ardennes in Bogny-sur-Meuse between July and December 2010, Simon Boudvin created several works of art reflecting his experience of the site, the special skills found there, and the men and women who keep them alive.

In this residency supported by the Hermès Foundation,[1] the artist immersed himself in the leather-working specialities of the production site. He began, during the first weeks, by taking up a position with the tools of a contemporary artist – books, computer, sketchbooks – at a table in the manufactory, where he could observe the artisans at work at such jobs as case-making and lining, as well as the meticulous process of transforming a hide into a comfortable, desirable object. Chosen by artist Giuseppe Penone, one of the mentors of these residencies, Simon Boudvin was attracted by the time frame and material possibilities of this programme.[2] He was looking for "mutual risk-taking." Travelling around in his van from his base in a hotel in Bogny, he exposed himself to a new environment and a region whose industrial history – it has been home to a variety of economic activities – was bound to interest him. He took many photographs in the course of his explorations, notably of the Boucles de la Meuse, an unusual industrial area located in the middle of the forest. In this sylvan setting, villages and production sites that grew up around the steel industry are strung along the river. Rimogne was of particular interest to him, as one of France's two historic slate quarries. The activity there lasted from 1158 to 1971. This glorious past came to his attention while he was doing research in the public library at Charleville-Mézières: he realised that the pages of Diderot and d'Alembert on the slate industry were illustrated by plates showing the works at Rimogne.

This discovery no doubt inspired the spirit of his residency, as he set about establishing a parallel between a lost, pre-industrial set of crafts and contemporary know-how, and between a typically Northern French

1. Along with Elisabeth S. Clark at the Maroquinerie de Sayat, Benoît Piéron at the Holding Textile Hermès and Olivier Sévère at the Cristalleries de Saint-Louis, Simon Boudvin participated in the first year of the Fondation d'entreprise Hermès artists-in-residence programme in 2010. The programme gives each year four visual artists the opportunity to produce a work of art receiving exceptional artisanal know-how and using materials from the Hermès workshops. An exhibition of their work is planned for 2013.

2. "During the residency I had the luxury of being able to explore the Rimogne area for months before I even took the first photograph." From a letter by the artist to Giuseppe Penone, December 2010. Unless otherwise indicated, all quotations in this text are from this letter.

architectural heritage born of mining – ditches, winches, the headframes of the slate mines – and a manufactory open onto the surrounding countryside.[3] Finally, as an artist known for his interest in the hidden significance of materials, Boudvin arranged an encounter between leather and slate. If evidence of this meeting were required, one would need look no further than the titles of the works: *Table 01 (Bogny)* and *Relevé 03 (Rimogne)*.

3. In 2004 the Maroquinerie des Ardennes acquired a green building with 100 per cent glass walls. This 5,000-square-metre space, open on all sides to the landscape, was designed by French architect Patrick Berger, winner of the Grand Prix National de l'Architecture in 2004.

A photograph [p. 11] illustrates this dialogue of materials. The artist took possession of a leather off-cut and a piece of slate found on one of the *verdoux* (waste heaps) at Rimogne. These piles of unusable material are the open-air manifestation of what has been mined underground, the mass of matter corresponding to the hollowed-out space below. For an artist who has produced numerous works dealing with the fact that to build in one place necessarily implies extracting materials elsewhere, these hills of slate waste, and in the same way the scraps left from leatherworking, were a real inspiration.[4] The salient feature here is the combination of rough and smooth, the part worked by the human hand and the part left untreated.[5]
Starting with this photograph, Boudvin worked like an alchemist, turning discards into art by following a process suited to each material. In fact, his work is as much about modifying existing forms as about creating new ones, if not more so. As Giuseppe Penone observes, "The dialogue created between the materials you want to use leads to ideas in which the object you present enters a dialogue and focuses the imagination on the value of actions, actions that are sometimes humble and seemingly insignificant, but that were needed to make the work. It's a very fine metaphor, and especially in the context in which you are operating, the factory, where work – meaning the precision and quality of the actions of the people producing – is what determines the quality of the product."

4. Just as the quarries in Paris are the pendant of the buildings of Haussmannian Paris. On this point, see the *Exométries* series (2005–9), or *Billes*, for which the artist created artisanal forms using the wood taken from a dismantled cabin or house (*Bille 01* and *Bille 02*, 2010).

5. In a recent interview, Caroline Soyez-Petithomme notes that, "What fascinates him is as much the cycles of the displacement, use and recycling of materials as the actual creation of forms." "Entretien avec Simon Boudvin," *Multitudes*, 3/2011, no. 46, p. 38-40.

For *Table 01 (Bogny)*, Boudvin focused on the way the artisans work the leather, and especially the process of making a bag.[6] As he explains, "The table was made with the same dimensions as a cow by an *ébéniste* (cabinetmaker) in Charleville. What I mean is that we cut the biggest possible rectangle we could get from a cowhide. This became the surface of a tabletop that was itself slightly bigger. I kept the off-cuts – that is, the cowhide minus the table, the edges, leftovers that were straight on one side and curved on the other. I used them as

6. Since *Table 01 (Bogny)*, made during his residency at the manufacture, Simon Boudvin has created *Table 02 (Chelles)* and *Table 03 (Gênes)*, both in 2011.

the patterns for sculptures. Each off-cut could be folded in on itself, thus automatically generating a form (this is the opposite of what the tanner does when he flattens out the cowhide). Because they weren't perfect or abstract enough in the original material, I duplicated them in cardboard, then in rubber, then finally cast them in plaster. As a result they were white, white like limestone fossils or old models of mathematical volumes (like the ones photographed by Man Ray and Sugimoto). In fact, they look like cartons with their mixture of soft curves and geometrical sides, sometimes long, and never too big (easy to pick up with one hand). Their form is abstract but really is determined by the shape of a hide, a table and the size of our hands. In the end there were seven [forms] placed on the table [p. 22-25]."[7]

Reading these lines, we get an idea of what it was that interested the artist about leatherworking: the process of successive transformations, the different phases giving rise to an object, emerging from an already existing object [p. 18-21]. Made from a leather off-cut, *Table 01 (Bogny)* is at once an artwork and an exhibition principle, various elements that, brought together, express with a certain sensuality the metamorphosis of the elements (leather, rubber, plaster). On top of this table, the artist placed the alchemical result, and in the drawers, the leather off-cuts, thus re-creating in the final artwork all the actions needed to make it, showing leather in all its incarnations. In the process, he created new forms on the scale of the hand, at once timeless and familiar.

7. He continues: "Even before the manufactured object is made, the formatting of the raw material as working material produces its own debris. This incomplete subtraction could be included, ecologically, in the nature/culture equation. Nature is in excess, its expenditure uncalculating. The artificial process of shaping selects only the cream, rejects the whey, the poor material, the unusual material, to the edge of the productive process. It is literally a mine, a resource for sculpture and reflecting on the work."

Relevé 03 (Rimogne) comprises several elements: three photographs and a laser print. They follow on from the artist's earlier works, offering him the chance to produce a new variation but also a new way of organising the photographic. Like *Relevé 01 (Tas de gravats)* and *Relevé 02 (Les Arques)*, *Relevé 03 (Rimogne)* is the map of a territory, showing what the human eye can naturally take in of a given area, but also revealing what is usually hidden from it. The laser print [p. 16] reprises this architectural vocabulary, which the artist uses fluently, showing plans, cutaways and elevations of what looks like an unexceptional house in the village of Rimogne [p. 17], but which is in fact the vault, the nodal point of access to the galleries where the slate is mined.[8]

What fascinated the artist in *Relevé 03 (Rimogne)* was the act of mapping an old industrial site.[9] To do this, he walked around the village, looking on the surface of the land for traces of the activity that went on in the space underground (which he deliberately did not enter). From his explorations, encounters and

8. Simon Boudvin explains: "A concrete house, standing on a slate pile, fitted the description I had of the main entrance used by the slate miners. It's a caricature of a house, with its double-sloping roof, its rendering, its six-pane windows and its little garden. I decided to measure it.... One part is missing from the inventory: one of the rooms is inaccessible, having no door onto the corridor or the offices, except the ones outside, which have been walled up. That is the room which contains the pit."

9. Simon Boudvin: "I set out to revise the plates about the slate mines of Rimogne in the *Encyclopédie* after my own fashion – after the activity had ceased."

readings, he derived three photographs. What these constitute is not so much a synthesis of his vision as samples from this singular territory. He describes the first two thus: "The reduction to a hole and a pile, or more precisely, a chute and a slag pile." The hole is the oldest entrance to the gallery on the site, announcing in a most unspectacular way the dense network underground: "It is on an incline (even triangular, dark, damp) [p. 13]." The pile is one of those famous waste heaps, the *verdoux*, a slate slag heap that proves that the innards of the earth have been emptied [p. 12]. The third photograph is a montage of several shots, which, gathered together, map the zone in accordance with perspectives that have varying degrees of detail: here, the abandoned metal headframe, a relic of the old mines [p. 14], there, a detail of the *verdoux* [p. 15]. This was the first time the artist organised his photographic material in this way, like a geographical map, leaving between the images the gaps needed to stimulate the imagination.

Simon Boudvin's residency was a time of exploring a territory, of assimilating past and present skills, and studying the cycles of materials. To bear witness to this dialogue between the world of leather and that of slate, two exhibitions were organised after the residency. Their locations were emblematic of the productive interchange between universes. The first was held within the Manufacture itself. There, the artist displayed his perception of the artisan's work by exhibiting, on the very site of production, *Table 01 (Bogny)*, that striking summary of leather-working processes. The second was held at the museum of fossils and minerals in Bogny-sur-Meuse, where photographs of the slate mines dialogues with real mined mineral, and paleontological fossils took up the historical sequel in contact with the forms in plaster and the leather lines.

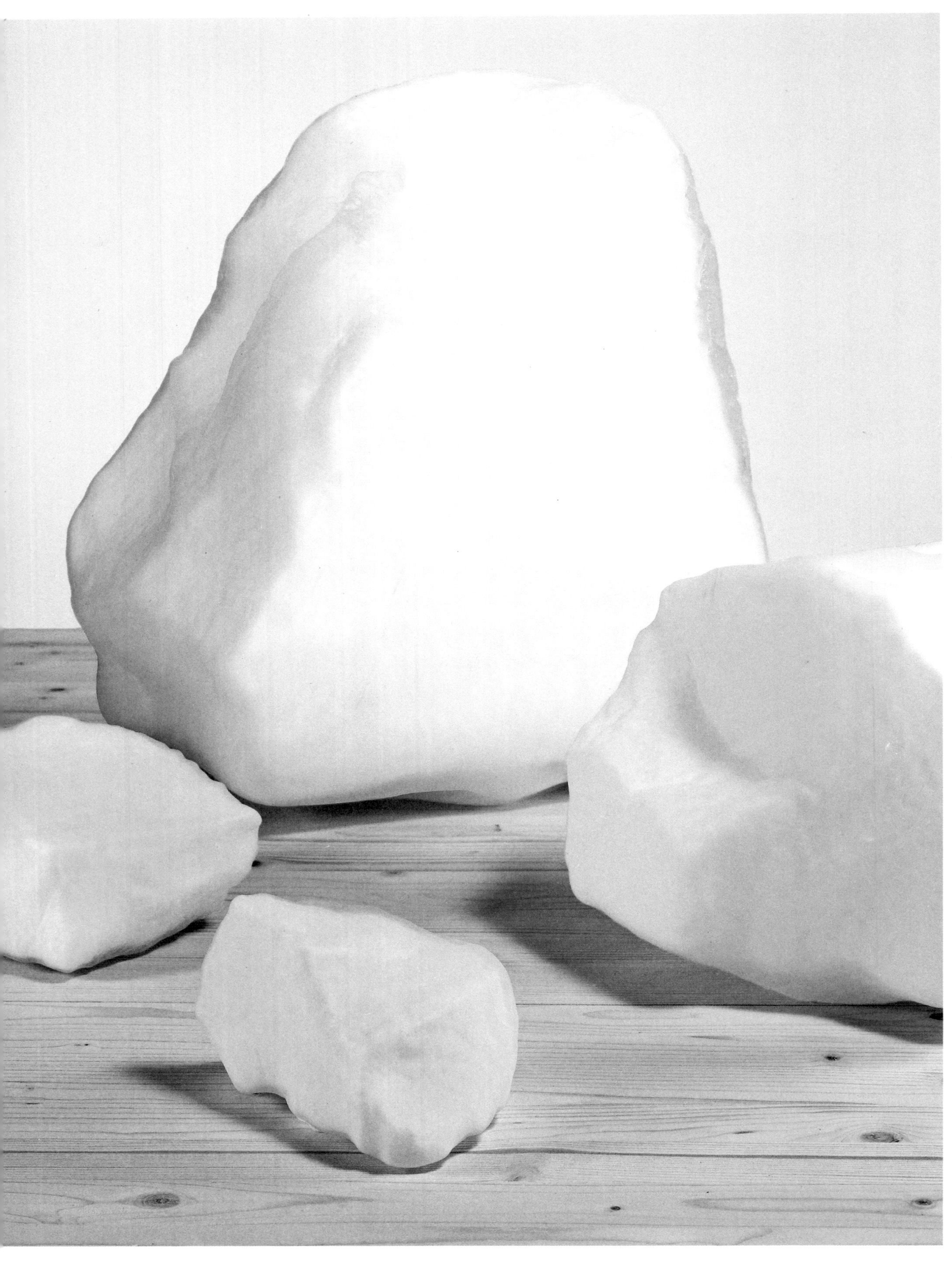

Cahier de résidence

Olivier Sévère

aux Cristalleries de Saint-Louis

sous le parrainage d'Emmanuel Saulnier

ACTES SUD | FONDATION D'ENTREPRISE HERMÈS

La conjonction des contraires

Élisabeth Védrenne

Les plaines de Lorraine accueillent de nombreuses verreries dès le XVIe siècle près de ses grandes forêts qui leur fournissent le bois pour le feu, les fougères pour la potasse, les carrières pour la silice, l'eau pour les alimenter. En 1767, près de deux siècles après sa création (1586), le roi Louis XV confère par lettres patentes à la verrerie de Müntzthal le titre de Verrerie royale de Saint-Louis[1]. Dès la fin du XVIIIe elle se modernise considérablement, adoptant la première le fameux cristal inventé à Newcastle par les Anglais qui en détenaient le monopole. La plupart des grandes cristalleries de la Lorraine du Nord s'adaptent vite aux techniques industrielles anglaises en ajoutant de l'oxyde de plomb afin d'obtenir un cristal plus massif et plus pur que le *cristallo* de Venise, certes si fin mais tellement coûteux et fragile. L'industrie du "cristal au plomb" prend ainsi un essor foudroyant au début du XIXe siècle, les verreries s'agrandissent, se perfectionnent. Mais après un siècle où aiguières, flacons taillés, vases et coupes égayèrent de leurs feux les marbres des cheminées et les tables les plus somptueuses du monde, la vogue du cristal déclina, n'en devenant du coup que plus rare et recherché. De nombreuses cristalleries disparurent, ne restèrent que quelques-unes, les meilleures.

Cette histoire du site lorrain des Cristalleries de Saint-Louis[2] n'est pas anodine et c'est dans cette vallée aujourd'hui très isolée au milieu des bois que le sculpteur Olivier Sévère fera une expérience inoubliable. Invité en 2010 par la Fondation d'entreprise Hermès[3], il s'y installe en résidence pour quelques mois, afin de réaliser sur place un projet, s'inspirant aussi bien de l'esprit du lieu que des échanges qu'il suscitera avec les artisans, et des confrontations qui naîtront de leurs savoir-faire hors pair. Une telle richesse de possibilités, une telle liberté, une telle aubaine pour utiliser des matériaux et des techniques si rarement accessibles aux artistes, dans une manufacture habituellement close sur ses secrets séculaires, déclencheront en lui un vif élan créatif. Une véritable "rencontre" entre le sculpteur et les souffleurs, les tailleurs, les graveurs.

1. François de Beaufort met au point la formule du cristal à Saint-Louis en 1781. La manufacture se consacre dès 1829 à sa seule production.

2. Les Cristalleries de Saint-Louis ont intégré le pôle manufacturier de la maison Hermès en 1989, sous l'impulsion de Jean-Louis Dumas.

3. Avec Elisabeth S. Clark à la Maroquinerie de Sayat, Simon Boudvin à la Maroquinerie des Ardennes, et Benoît Piéron à la Holding Textile Hermès, Olivier Sévère participe en 2010 à la première édition des Résidences d'artistes de la Fondation d'entreprise Hermès. Le programme a pour ambition de permettre chaque année à quatre jeunes plasticiens de produire une œuvre en bénéficiant de savoir-faire artisanaux d'exception, et en utilisant les matériaux des ateliers de la maison Hermès. Une exposition retraçant les premières résidences est prévue en 2013.

Tout l'enjeu de cette expérience réside dans la magie de cette rencontre, dans ce "transfert" qui va s'opérer entre les deux univers.
Olivier Sévère s'étonne encore de s'être senti immédiatement "en phase". S'ensuit une période d'immersion sans sortir de la cristallerie pendant quelque temps[4]. Il prend le pouls des lieux, s'imprègne de son observation des gens qui vivent et travaillent là, regarde, questionne tout le monde, du maître verrier au jardinier[5], du chimiste au directeur du patrimoine. Il entre au cœur de ce microcosme si particulier jusqu'à s'en sentir partie prenante. Il prend goût à cette solitude hors du temps, visite les greniers, ces cavernes d'Ali Baba où dorment les merveilles d'antan, se promène longuement dans les bois au milieu des fougères. Cette politique de l'approche à laquelle la Fondation tient tant, ce "bain" dans lequel elle souhaite plonger l'artiste pour lui faire oublier l'extérieur, agit en réalité comme une invitation à recréer un atelier autre. Ce qui convient parfaitement aux sculpteurs d'aujourd'hui qui sont nombreux à ne concevoir leur art qu'avec en amont une pensée de la production, et donc à se tourner, pour l'exécution de leurs projets, vers des lieux de productions industrielles ou artisanales. Justement, les lieux de productions où la Fondation d'entreprise Hermès envoie de jeunes plasticiens résidents fonctionnent en réalité comme de nouveaux et insolites "ateliers" d'artistes. Ils quittent alors le cocon pour aller trouver l'inspiration ailleurs, entamer un autre voyage vers un monde totalement neuf[6], à déchiffrer, apprivoiser, utiliser en appréhendant des modes de production encore jamais envisagés. Il s'agit bien d'une gageure. Cette première étape a passionné Olivier Sévère et, après le temps nécessaire au travail de filtrage et de décantage, son projet est sorti de sa gangue assez naturellement. Il retournera sur le site régulièrement quinze jours d'affilée chaque mois pendant un peu plus de cinq mois, apprend à faire des moules, s'initie aux températures[7], aux divers temps de séchage, se surprend à inventer du rouge avec de l'or, apprend à décoder les silences, soulève ceci, explique cela. La magie opère, les échanges se font. Avec le recul des séparations, les choses s'affinent, les pierres d'Olivier Sévère prennent forme. Son projet *De rien ne se crée rien*, selon la pensée d'Anaxagore, philosophe du Ve siècle avant J.-C., s'impose. Du cristal naissent neuf ensembles de pierres insolites.
L'artiste a d'abord été l'élève à l'École des beaux-arts de Paris du sculpteur Erik Dietman, vrai ogre dévoreur de matières. Le sculpteur Emmanuel Saulnier, son professeur suivant et celui qui l'a parrainé pour cette résidence de la Fondation d'entreprise Hermès, l'aide à approfondir ce désir qu'il a d'explorer, d'analyser,

4. Olivier Sévère a séjourné deux semaines en juin 2010 à Saint-Louis afin de se familiariser avec le lieu, ses savoir-faire, ses artisans pour imaginer un projet artistique. La production de ses pièces a eu lieu d'octobre de la même année à mars 2011.

5. Depuis 2009, Saint-Louis bénéficie d'un jardin filtrant l'eau rejetée par la manufacture, dans un souci constant d'un meilleur respect de l'environnement.

6. Si les jeunes artistes ont carte blanche pour imaginer et produire une œuvre, ils doivent aussi arriver dans la manufacture avec une "page blanche".

7. Les températures montent jusqu'à 1300 degrés pour le cristal.

de conceptualiser et de reconstituer autrement le processus de fabrication des matières. Le matériau lui-même se révèle alors à la fois sujet et outil[8]. Son projet à Saint-Louis où l'on fabrique du cristal a été de créer une collection de "pierres", de remonter dans le temps jusqu'aux origines de la Terre lorsque pierres et verres provenaient de la même boue. Le cristal de roche créé par la nature n'est qu'un caillou de quartz composé de nombreux sables dont la transparence et la limpidité varient. Le cristal créé par l'homme contient 70 % de sables mêlés à divers autres éléments dont le plomb, l'indispensable ingrédient. Mais la constitution du cristal, dans les entrailles de la terre comme dans le four de la manufacture, est donc à l'image de la Genèse[9]. Cette généalogie commune des pierres et du cristal est bien ce qui passionne Olivier Sévère. Son défi est d'intégrer toutes ces résonances mythiques tout en les retournant comme un gant, de les soumettre à des décalages et des dérives idiomatiques jusqu'à réaliser *in fine* des pierres en verre sous forme de galets, de pavés, de roches, de plaques. Le cristal est fait de pierres délitées en sables, la pierre sera de cristal ! Il opère ainsi un regard croisé entre le minéral et la chimie et, en conséquence, entre les notions de naturel et d'artificiel[10].

Ce ne sont ni pierres précieuses mal dégrossies, ni plaques brisées d'ardoises, ni fragments d'ambre repêchés sur les plages de la mer Baltique, encore moins des galets filigranés ratés. Olivier Sévère joue un rôle de catalyseur, imagine un autre monde que celui de la nature, un univers parallèle. Il intervertit les rôles, entremêle audacieusement le travail du tailleur de pierres à celui du maître verrier, osant lui faire souffler des cailloux ! Ainsi naissent à Saint-Louis des pavés aux airs de granite gris flanelle, ou des petits icebergs blancs et frissonnants. L'artéfact consiste à détourner les recettes de fabrication ancestrales, à pasticher les apparences, imiter les noirs lustrés du basalte, à incruster une fougère délicate sur la peau d'un bloc grossier translucide, à réveiller les coloris des agates, à graver des polygones sur la surface d'un ambre couleur de miel[11]. L'art d'Olivier Sévère repose sur la tension qui naît de la conjonction des contraires.

Olivier Sévère accomplit un acte artistique qu'il lui aurait été impossible d'envisager et de réaliser sans l'aide des maîtres verriers. La compréhension témoignée par tous les acteurs de la cristallerie, leurs étonnements comme leurs enseignements lui ont permis de privilégier les trouvailles du hasard, les irrégularités des surfaces qui en effet existent à l'état de nature mais qui sont à l'opposé de l'idéal d'un travail de verrier. Celui-ci a pour règle la précision,

8. Olivier Sévère imagine un cycle perpétuel de la matière : de la roche au sable, puis au cristal.

9. Le cristal employé à Saint-Louis peut être recyclé si besoin, dans les grands fours qui alimentent le travail des artisans.

10. "Cette pierre peut subir des modifications et devenir sable. Ce sable peut devenir cristal, et je peux décider de donner artificiellement à ce cristal la forme d'une pierre. Un cycle continu oscillant entre naturel et artificiel est ainsi formé", précise l'artiste.

11. Olivier Sévère a ainsi réalisé neuf ensembles de pierres de cristal, avec des techniques très variées du "chaud "et du "froid", allant du soufflage au moulage, de la taille directe à la gravure à l'acide, du cristal clair au plus opaque.

la pureté de la transparence, l'excellence de la taille, des dosages chimiques et du polissage. L'artisan le meilleur vise à la perfection[12] : or, dans ce contact avec Olivier Sévère, il a dû accepter de réaliser d'étranges imperfections dans les formes comme dans les surfaces. L'humilité et la confiance dont les verriers ont fait preuve sont émouvantes. Il semblerait que ces "résidences" s'accompagnent pour réussir d'une vraie aventure humaine. Si Olivier Sévère a essayé de "mettre la main à la pâte", de les aider sans les gêner, n'est-ce pas une aventure partagée, un échange de talents lorsque l'artisan accomplit son éblouissante chorégraphie devant le four, ou dans l'intelligence de ses gestes avec ses ciseaux, ses marteaux à cliver, ses meules à polir ? Cette générosité est indispensable car l'expérience du verrier, si physique et si ancienne, ne s'apprend pas en quelques semaines. Or l'artiste en a fait son miel. Il est donc réconfortant qu'il ait pris conscience qu'il doit sa liberté de créer, entre autres, à l'artisan.
On ne s'étonnera pas qu'Olivier Sévère, après son expérience aux Cristalleries de Saint-Louis, ait developpé son travail vers une autre histoire de pierre : les origines du marbre…

12. "La difficulté, indique Olivier Sévère, résidait dans le fait de trouver des formes en adéquation à la fois avec ce langage et avec les changements qui s'opèrent actuellement dans ma pratique, tout en conservant l'aspect décalé et la notion d'écart qui caractérise celle-ci."

De rien ne se crée rien

aux Cristalleries de Saint-Louis

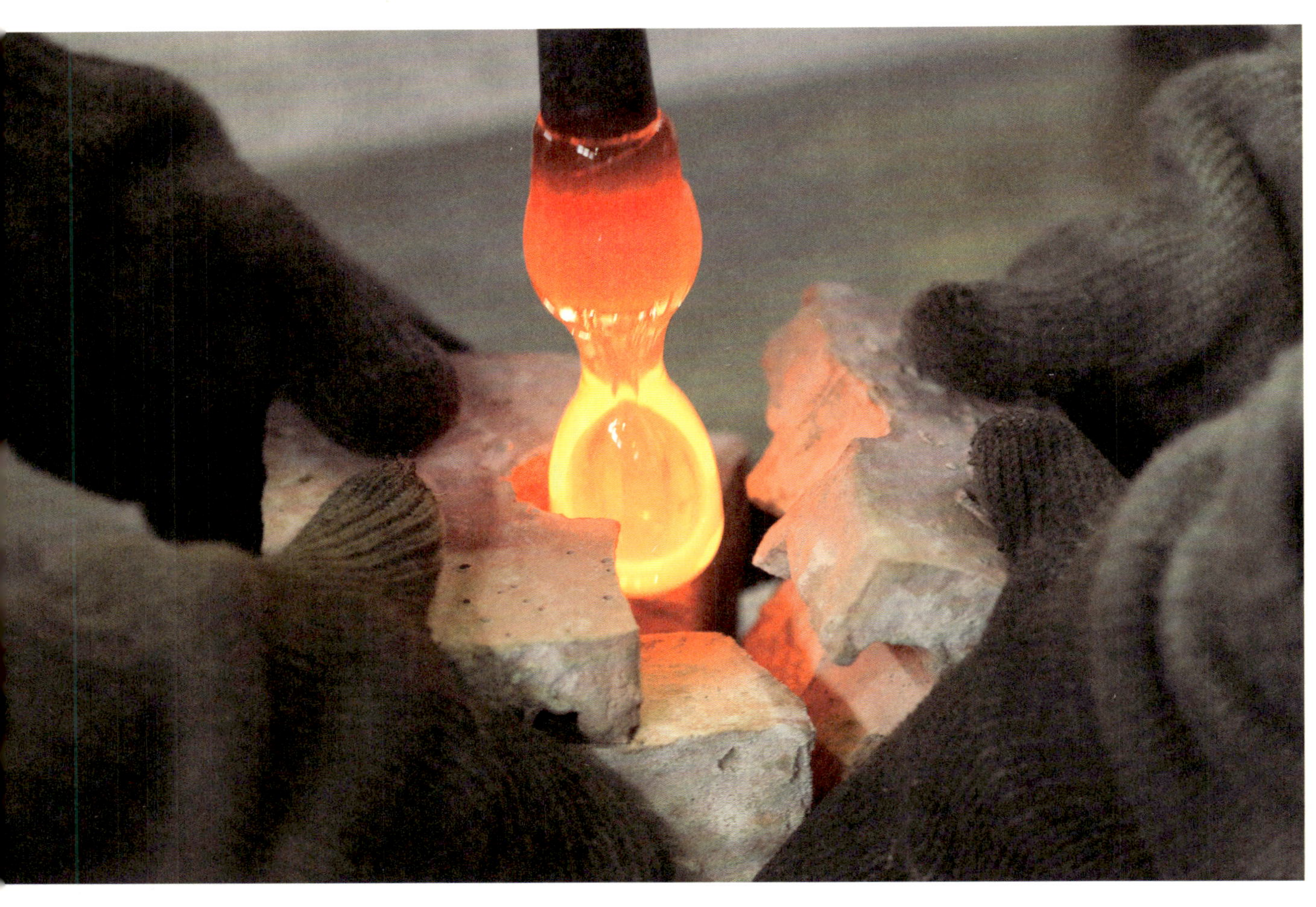

cristal en fusion au bout de la canne, prêt à être soufflé, est introduit dans le moule.
e molten crystal at the end of the blowing iron, ready to be shaped, is put into the mould.

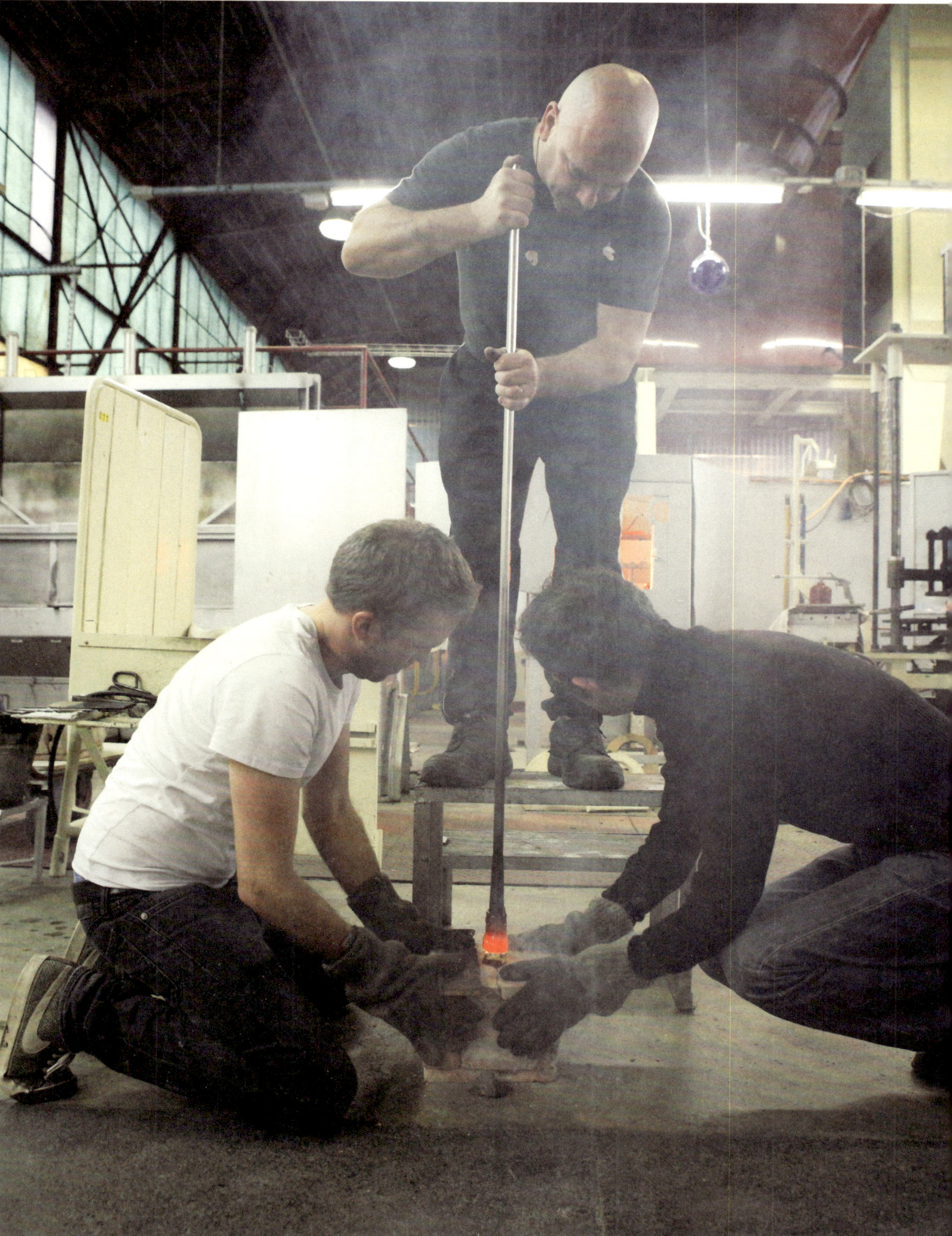

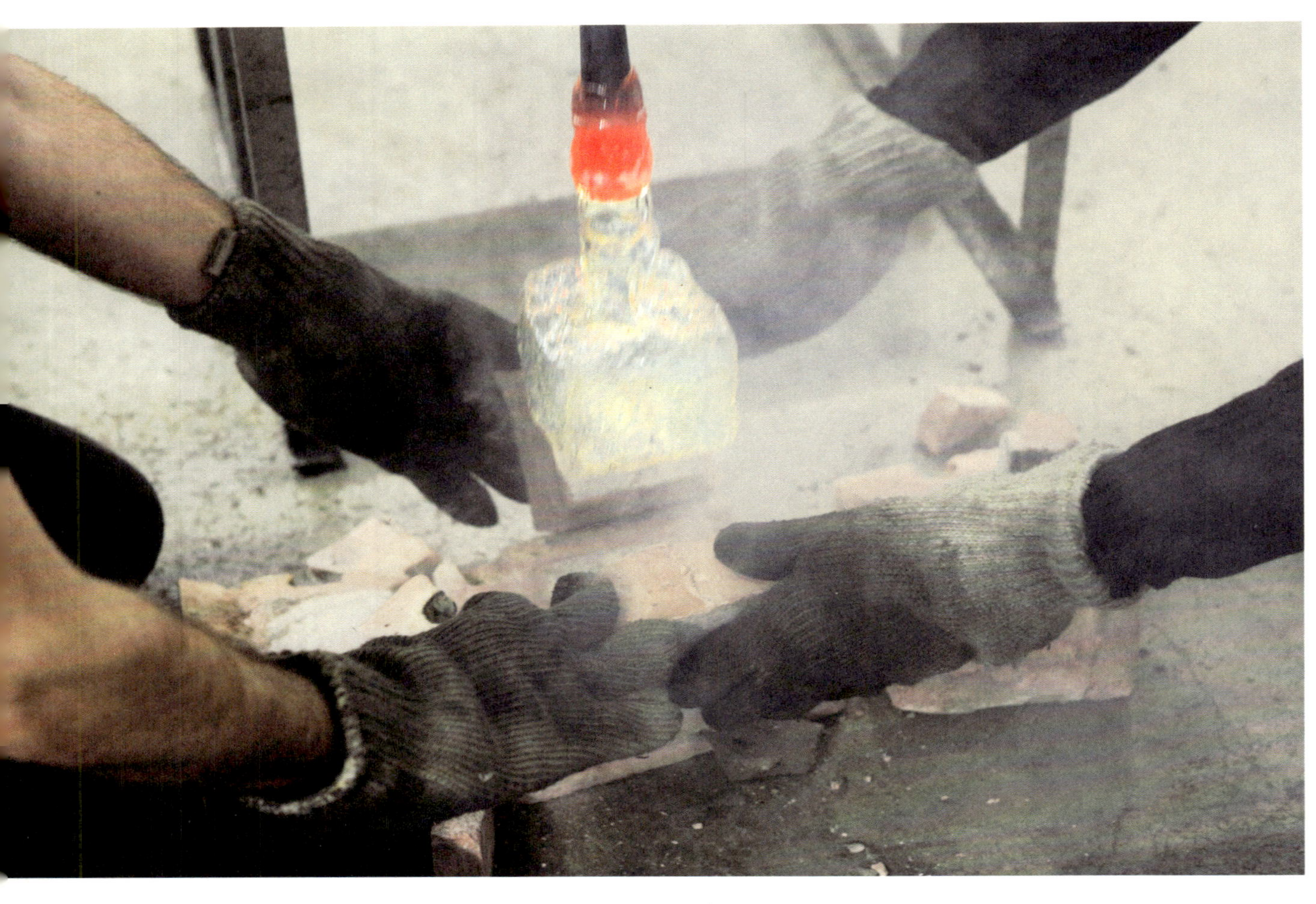

uverture rapide du moule permet au cristal soufflé, encore extrêmement chaud, de ne pas adhérer à celui-ci.
keep the blown form from sticking to its sides, the mould is opened quickly while the crystal is still hot.
ge de gauche : L'air soufflé emprisonné dans le cristal finit de pousser celui-ci contre les parois du moule maintenu fermé.
ft-hand page:The blown air imprisoned in the crystal eventually pushes it against the sides of the closed mould.

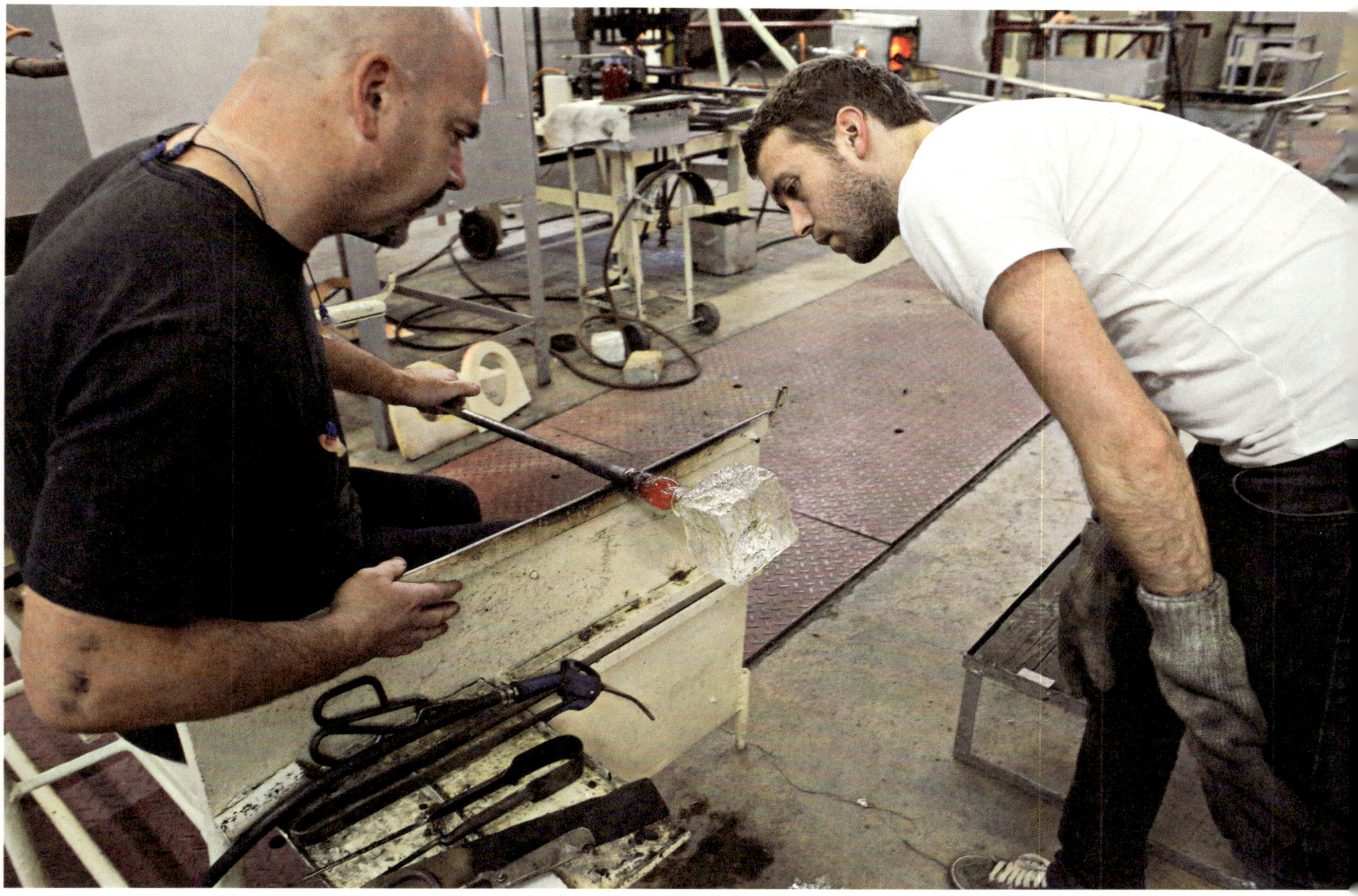

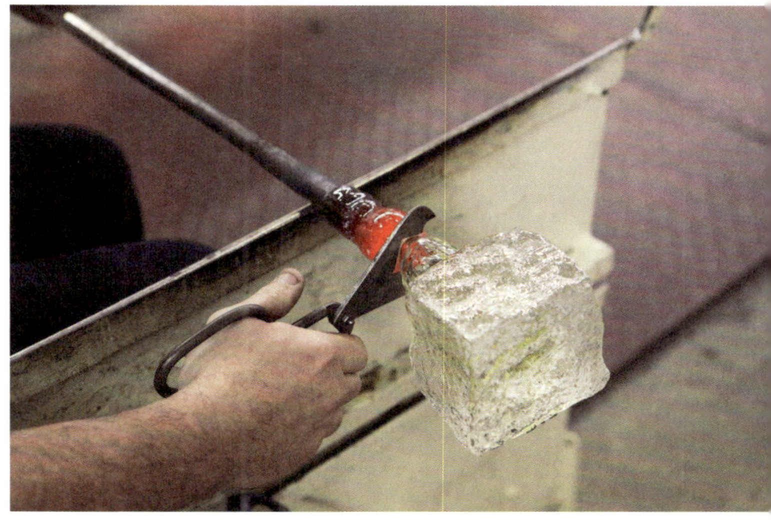

Une fois façonnée, la forme refroidit et retrouve sa couleur, elle peut maintena
être séparée de la canne et placée dans une arche de refroidissement progres
The shaped form cools and regains its colour. It can now be separated from the blowing iron and placed in a cooling tunn

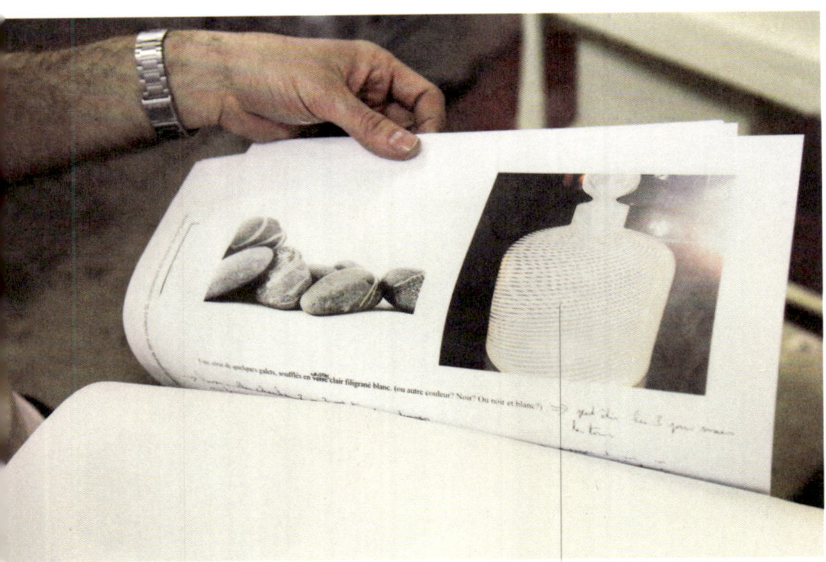

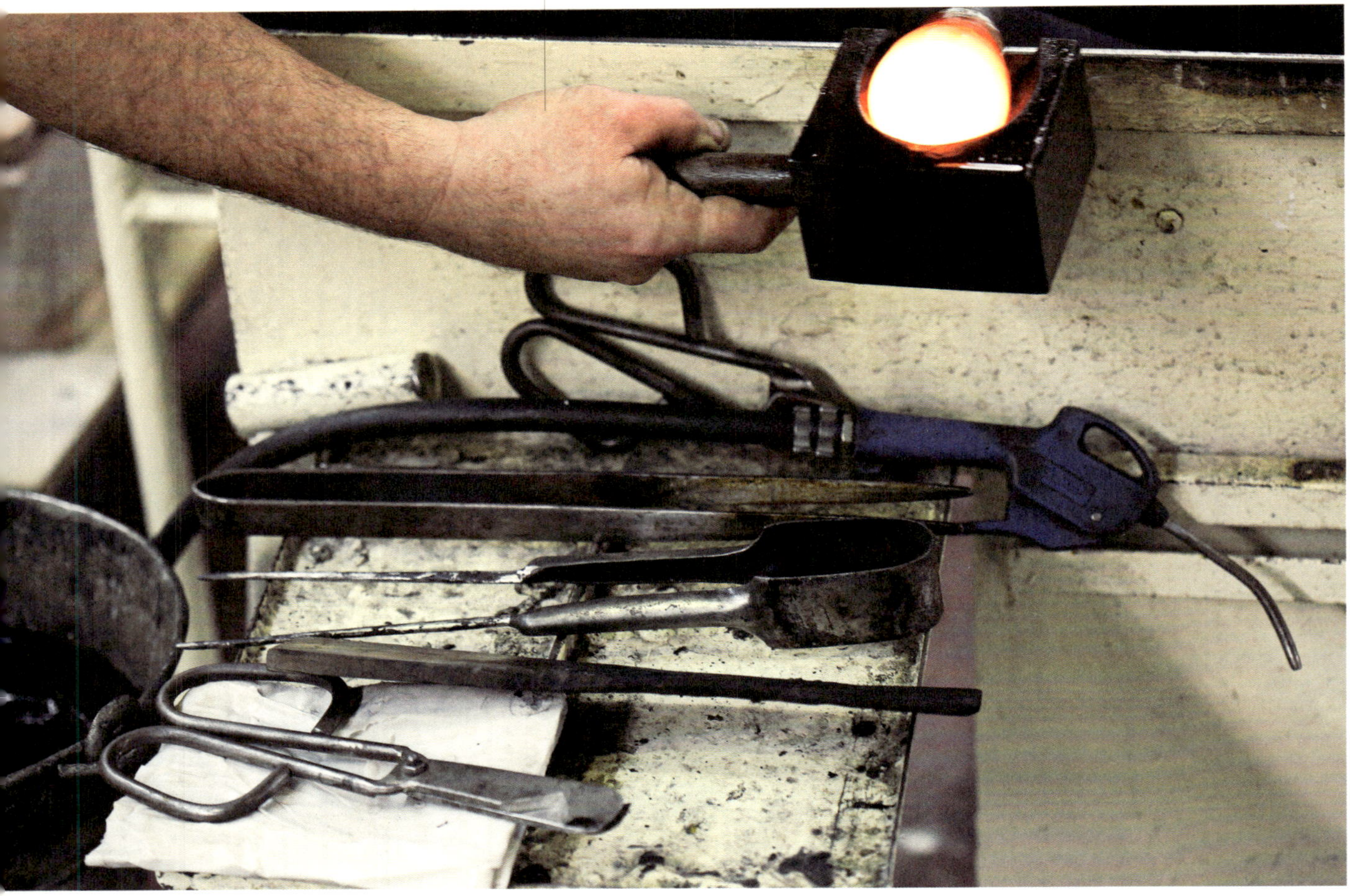

s outils sont rudimentaires, mais leur simplicité permet une grande finesse et précision de la réalisation, grâce aux savoir-faire des artisans.
e tools are rudimentary, but in the hands of skilled artisans their simplicity can produce objects of great subtlety and precision.

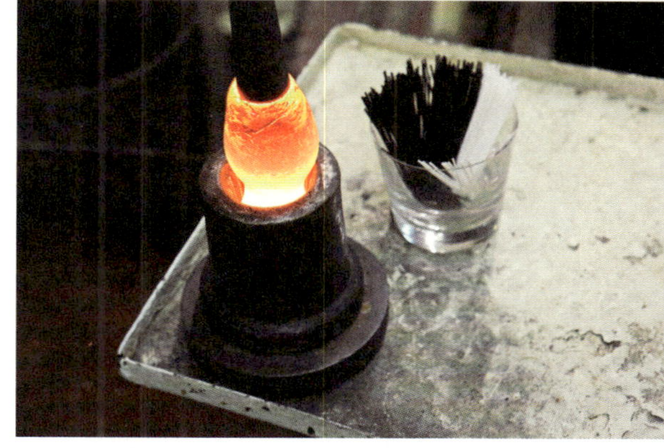

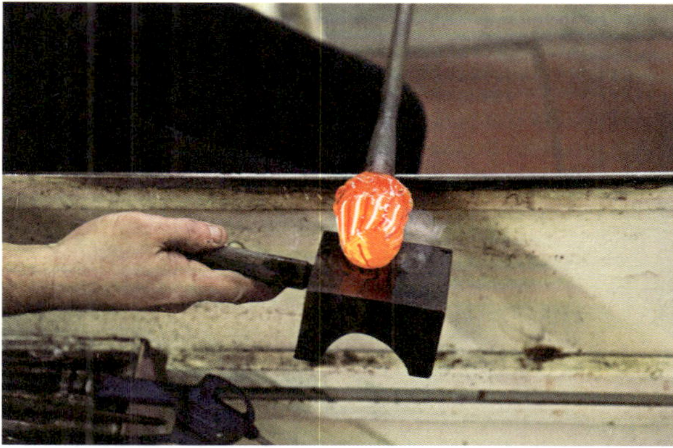

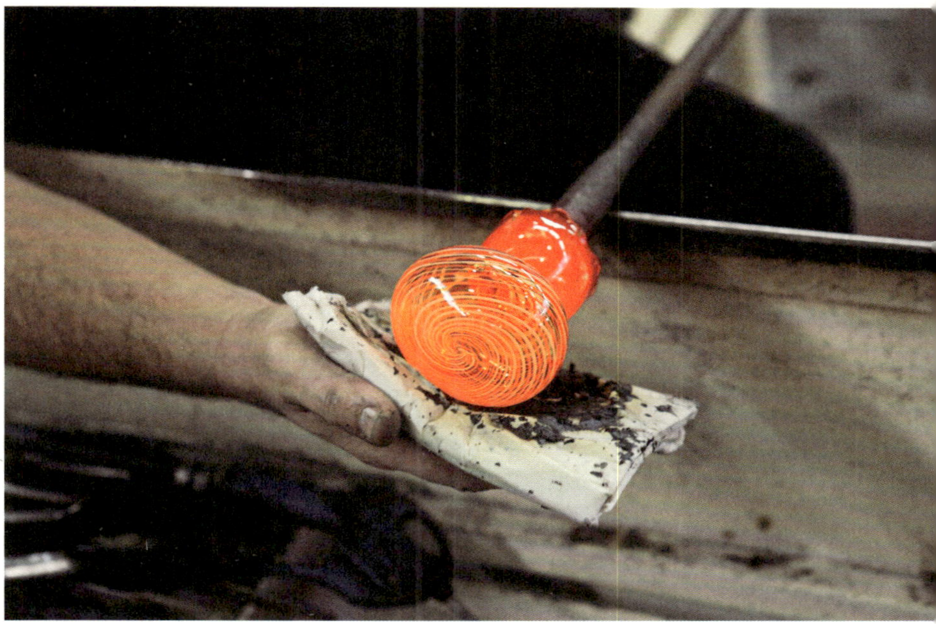

De fines baguettes de cristal noir et blanc sont incluses dans du cristal clair, suivant la technique du filigra
Fine strips of black and white crystal are set into the clear crystal, using the filigree techniq

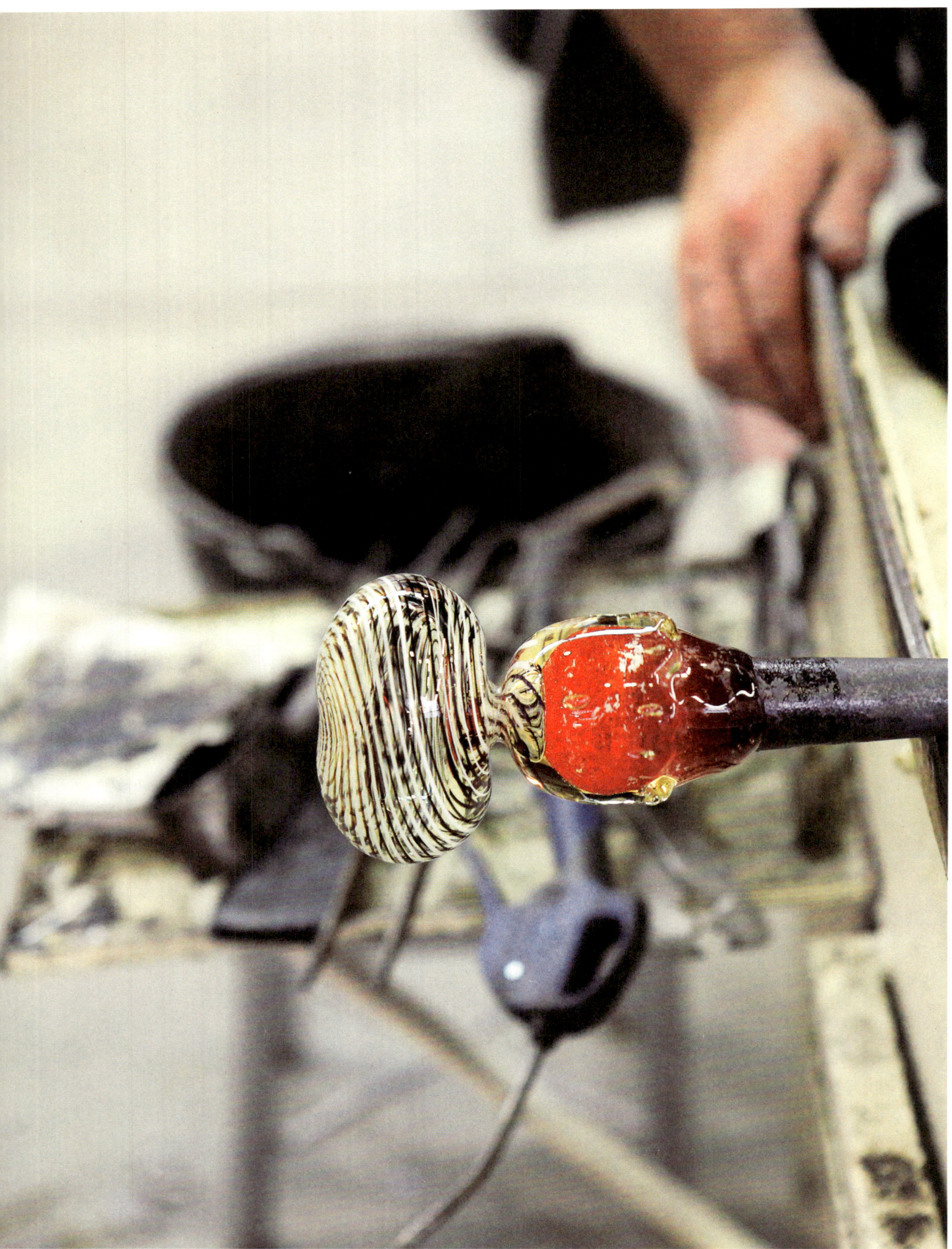

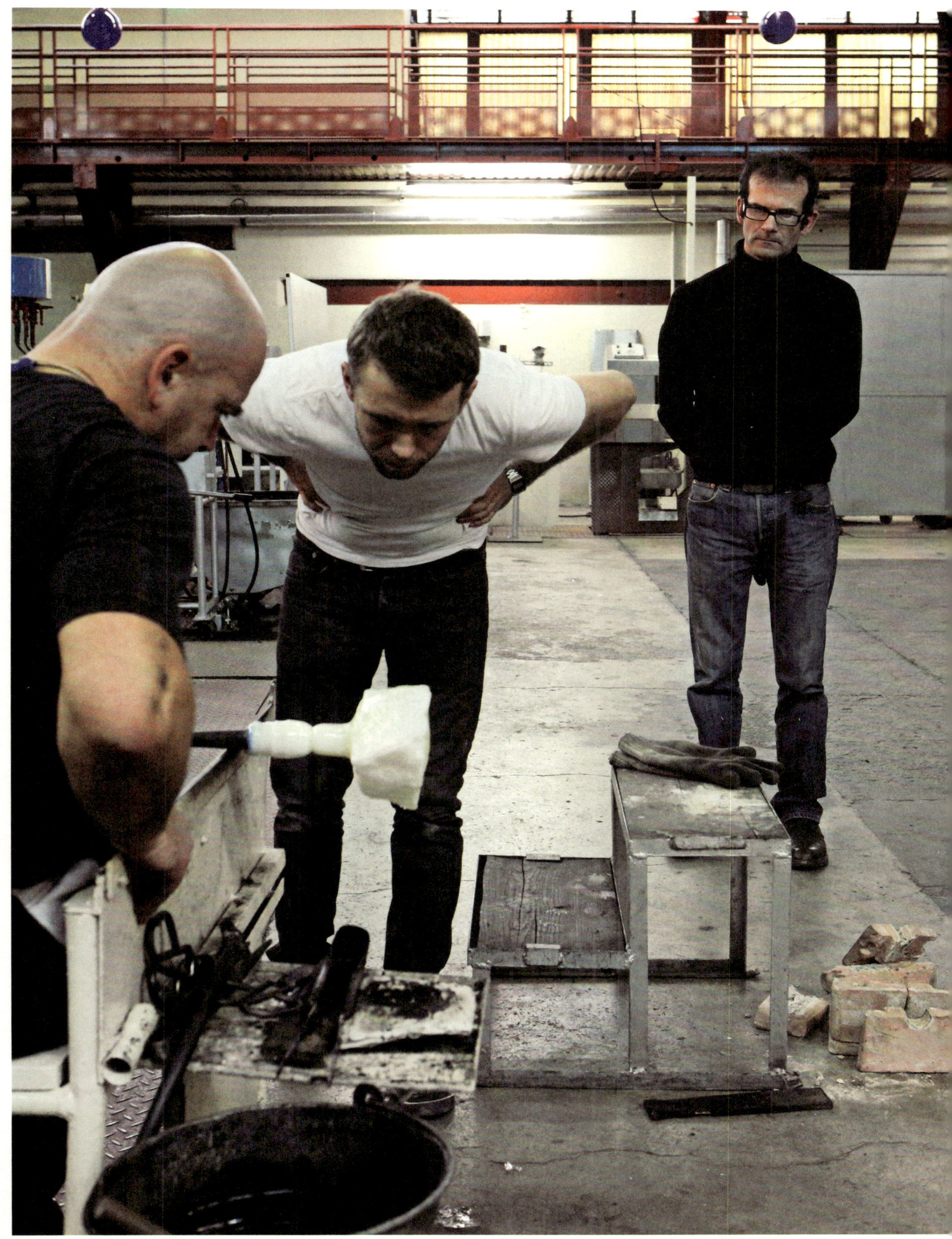

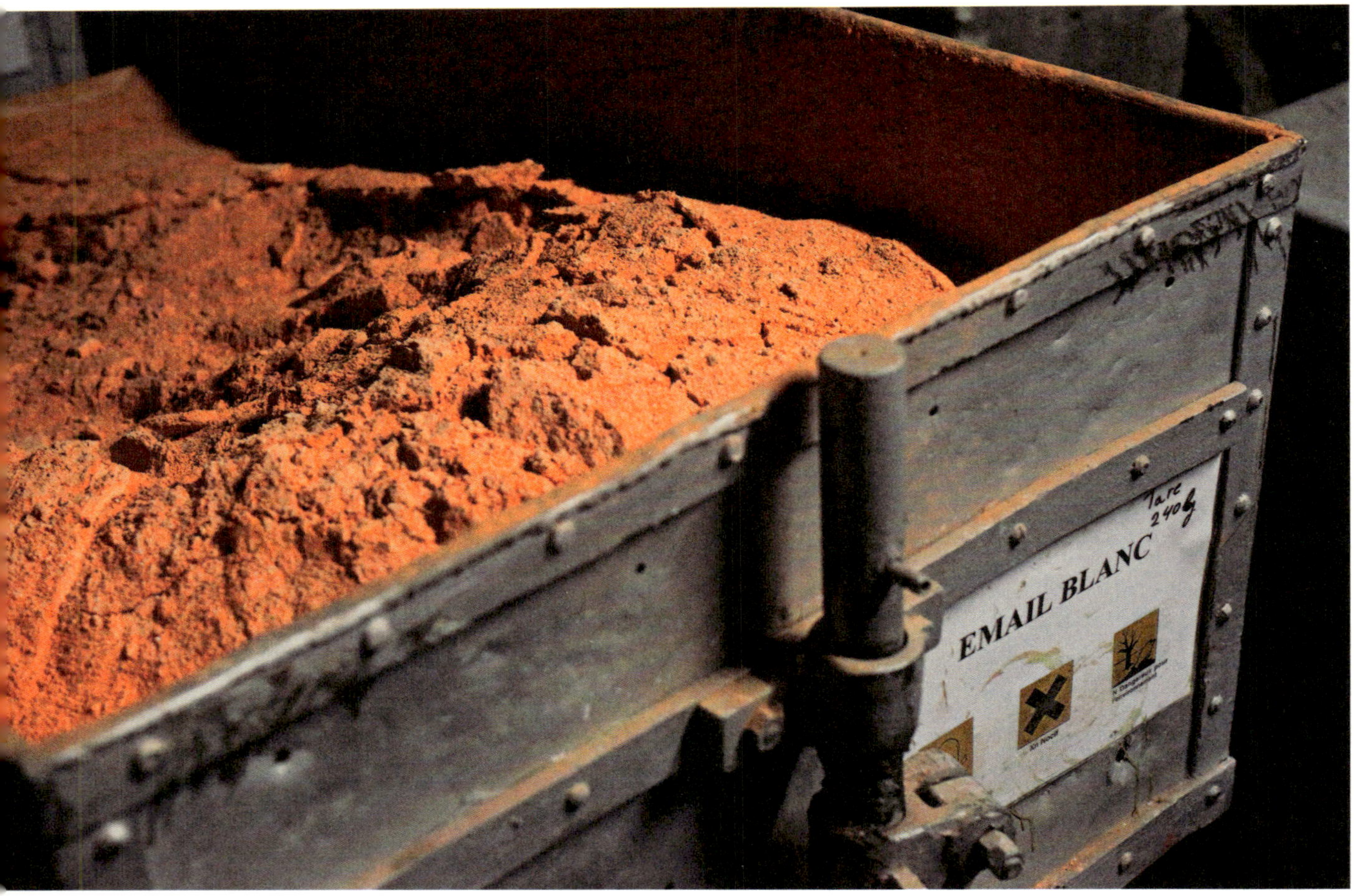

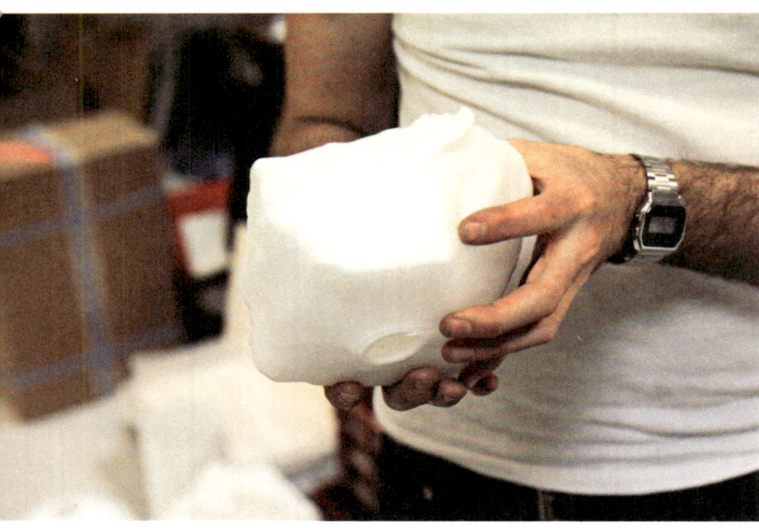

préparation brute du cristal blanc avant fusion ne laisse en rien présager de son rendu final (en présence de l'artiste Patrick Neu).
white crystal mix before fusion gives absolutely no clue as to its final state (in the presence of the artist Patrick Neu).

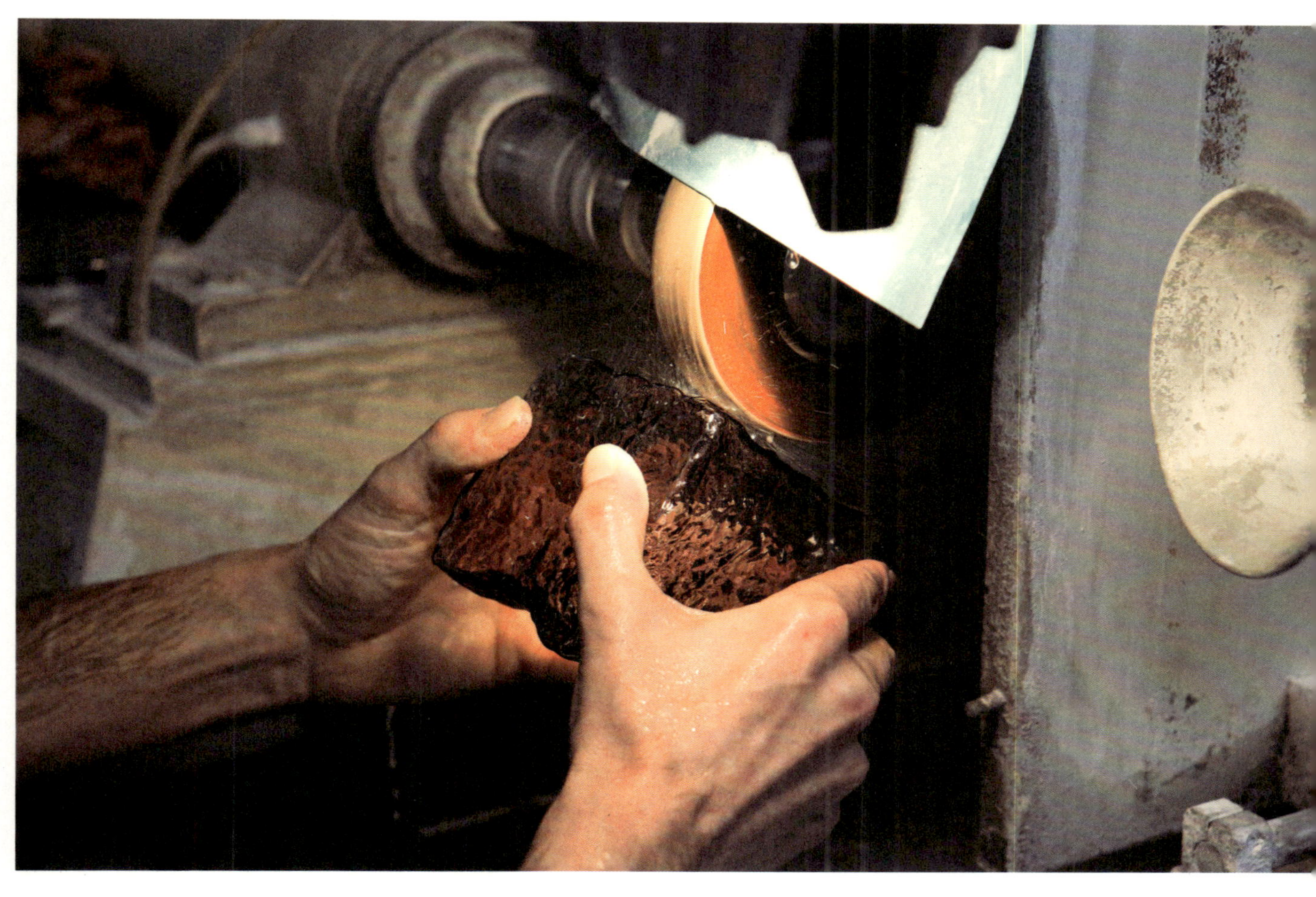

La meule et l'eau permettent la finition lisse des parties coupantes ou proéminentes des pièces à l'endroit de jonction avec la canne du souffl
A grinding wheel and water are used to smooth out sharp or protuberant parts in contact with the blowing i

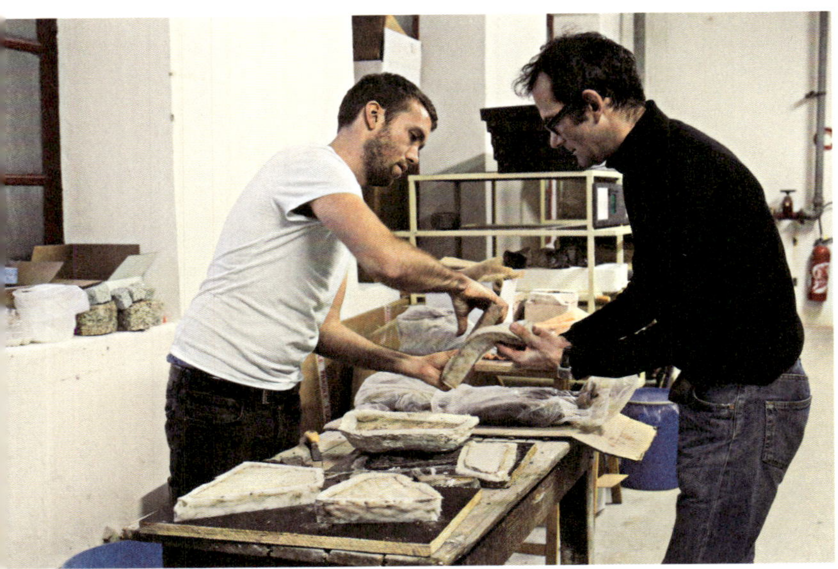

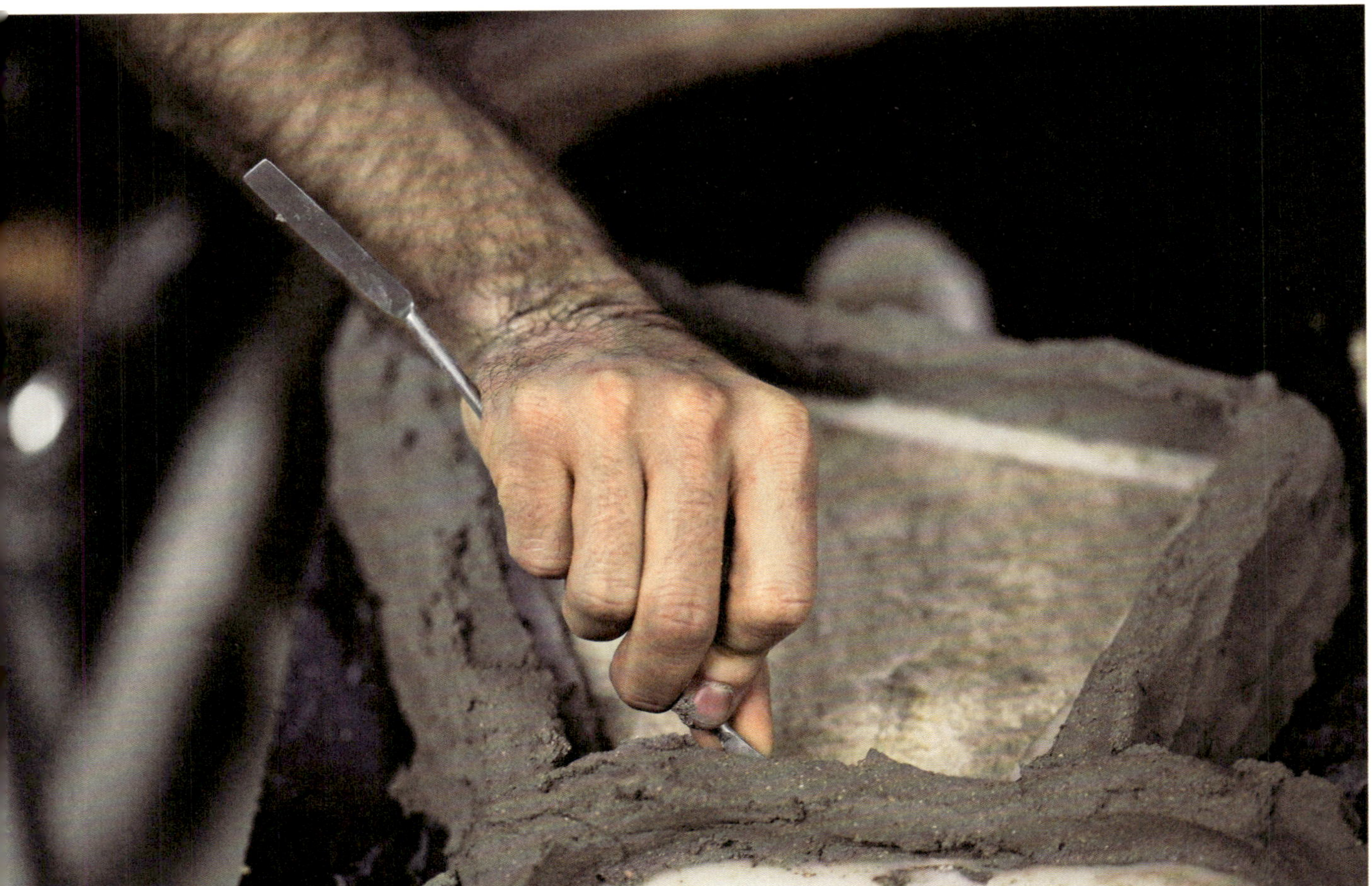

es moules aussi divers qu'expérimentaux ont été nécessaires à la réalisation de l'ensemble des œuvres produites.
any different experimental moulds were needed to make Sévère's works.

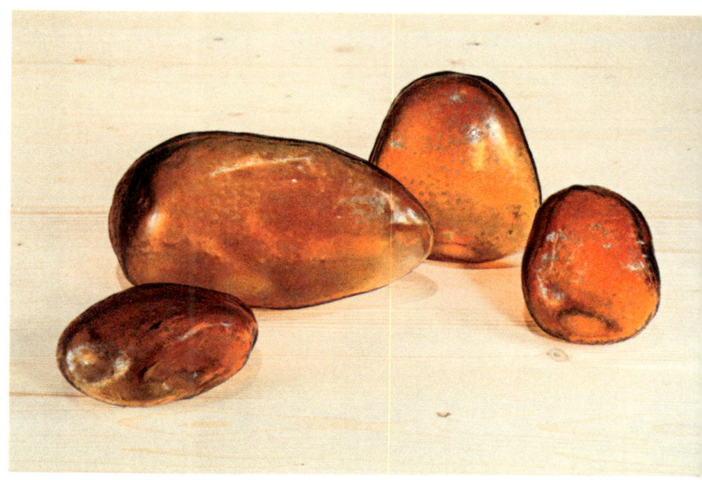

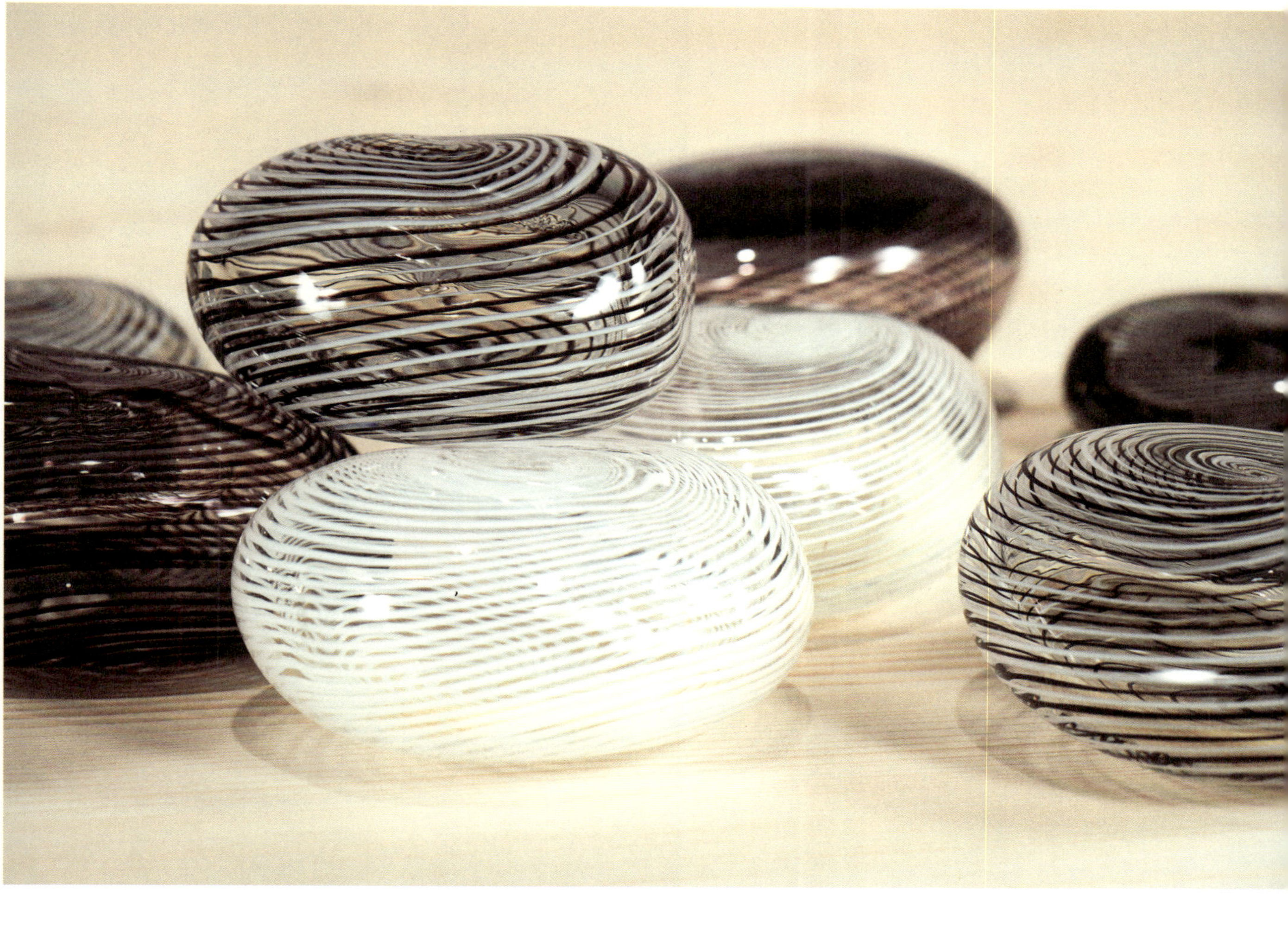

De haut en bas : Des galets soufflés en cristal ambre, motif moiré gravé à l'acide ; une suite de galets soufflés en cristal clair filigrané noir et bla
From top: Pebbles blown in amber crystal with acid-etched moiré motifs; a set of blown pebbles in clear crystal with black and white filigr
Page de droite, de haut en bas : Vue d'atelier ; une pépite en cristal rouge ; des fragments d'agates en différents types de cristal agglomér
Right-hand page, from top: Workshop view; a nugget in red crystal; fragments of agates in various kinds of agglomerated crys

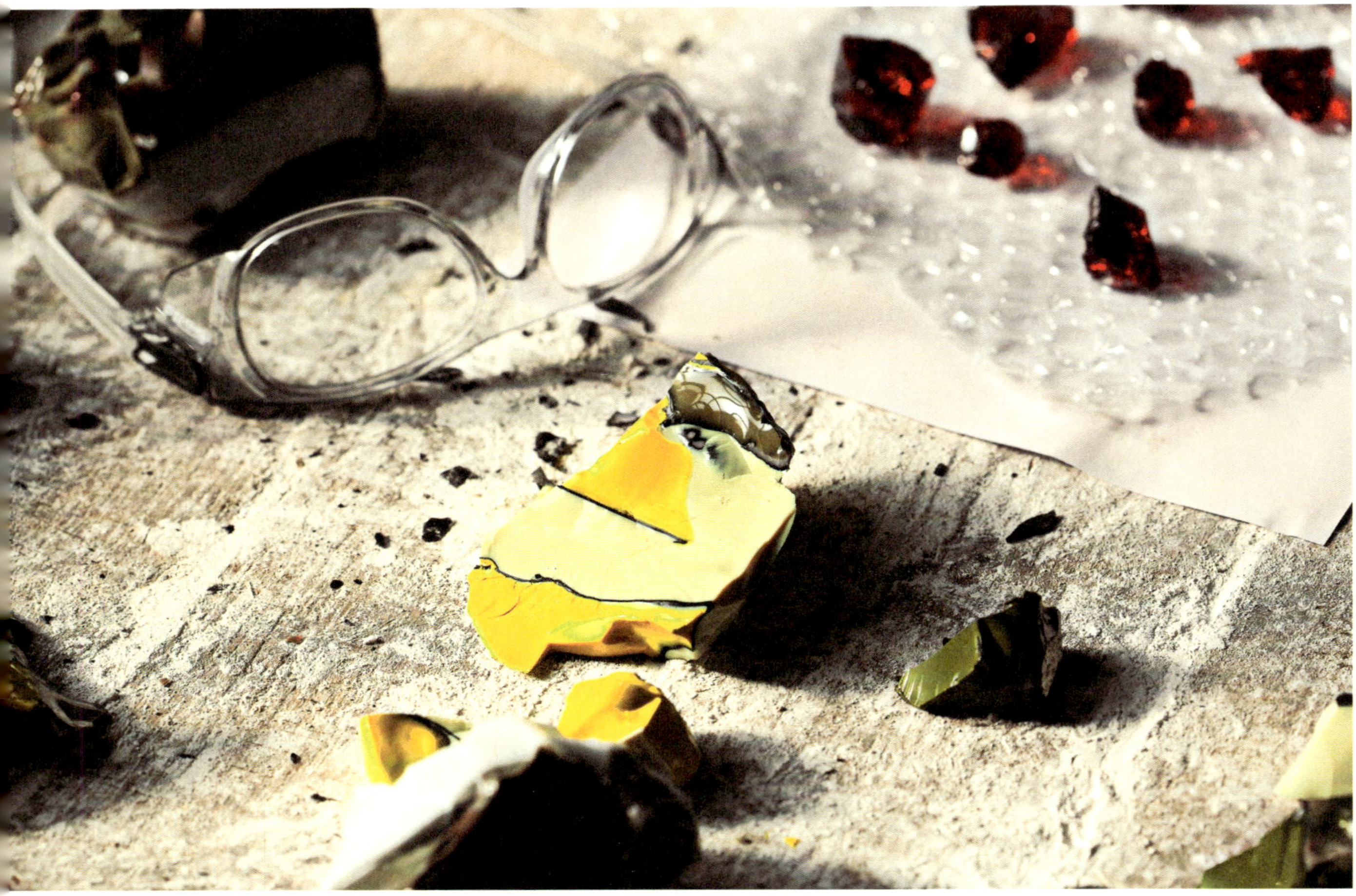

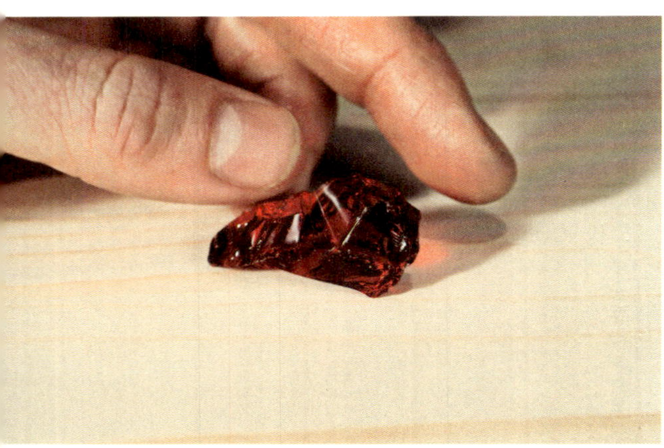

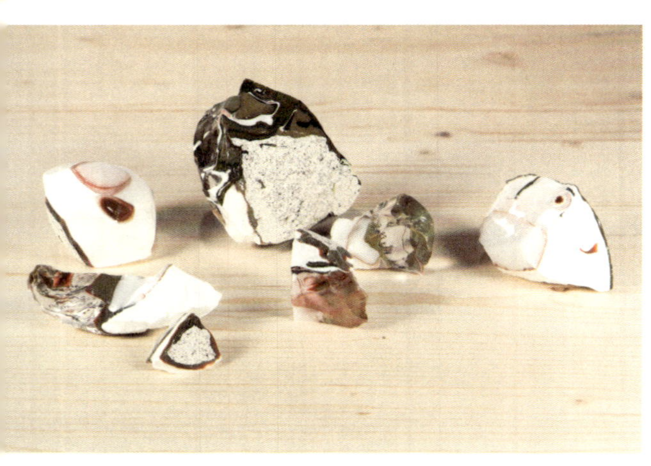

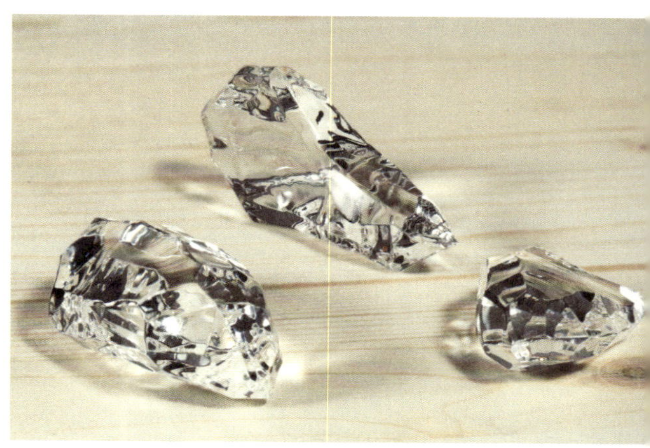

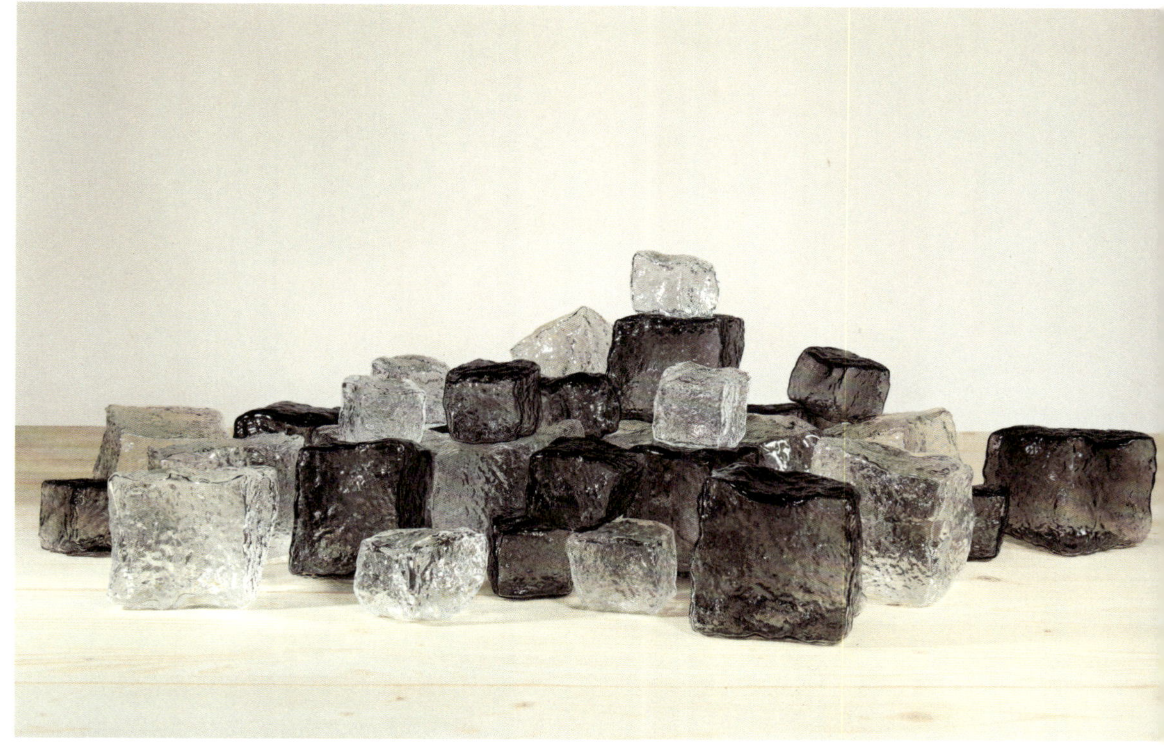

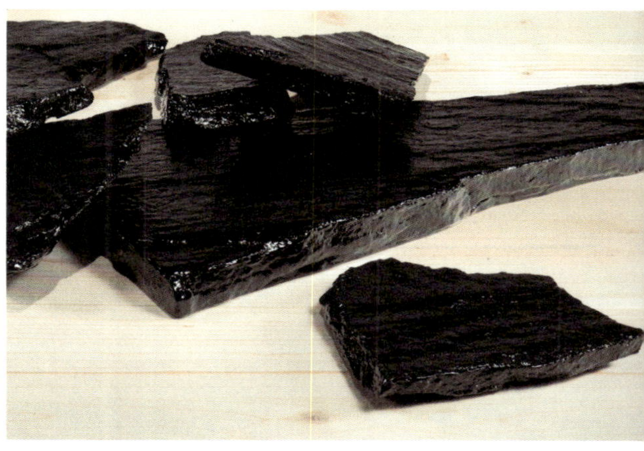

De haut en bas : Quelques silex en cristal clair taillé ; un ensemble de pavés soufflés en cristal clair et flanelle ; quelques dalles en cristal noir mo
From top: Flints in cut clear crystal; stones made of blown clear and flannel crystal; slabs in moulded black crys
Page de droite : Un assortiment de rochers soufflés en émail blanc doublé cristal clair, sablé (devant le grand four de la manufactu
Right-hand page: An assortment of blown rocks in white enamel lined with clear crystal, sandblasted (in front of the manufactory's big k

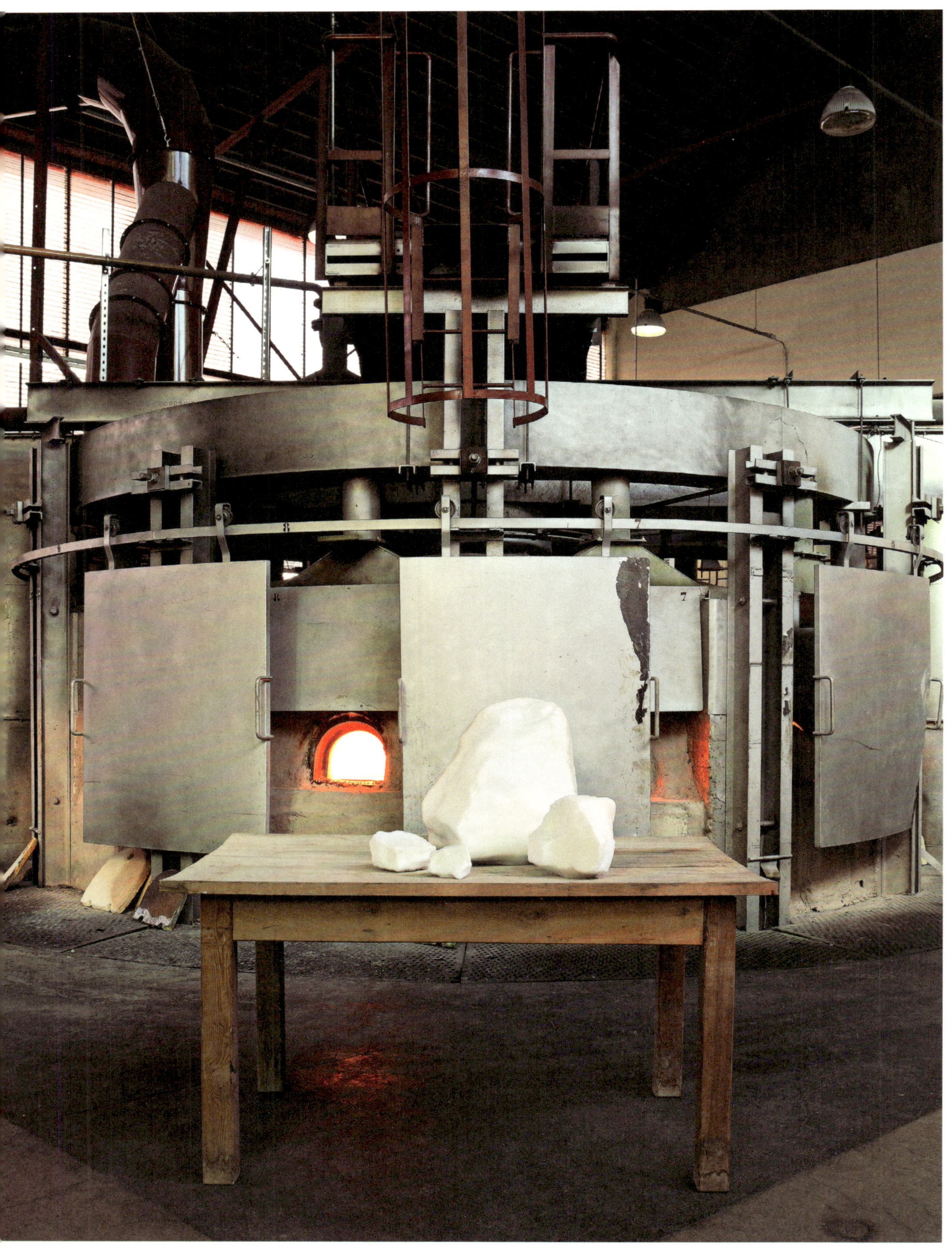

The meeting of opposites

Élisabeth Védrenne

From the sixteenth century onwards, the plains of Lorraine were home to numerous glassmakers. They were attracted by the surrounding forests with their plentiful supply of wood for fires and fern for potash, by the silicon quarries, and by the rivers and waterways for transport. In 1767, almost two centuries after the glass factory at Müntzthal was founded (in 1586), letters patent from Louis XV bestowed the title of Royal Glassworks of Saint-Louis[1] on it. As the century drew to a close, it modernised by leaps and bounds and became the first French works to produce the famous crystal invented in Newcastle, which up to then had been an English monopoly. Most of the big crystal works in northern Lorraine were quick to adapt to English industrial techniques and add lead oxide to obtain crystal that was thicker but purer than Venetian *cristallo,* which, while extremely fine, was also very costly and fragile. The "lead crystal" industry grew spectacularly in the early nineteenth century, as glassworks got bigger and gained in sophistication. But after that century, when ewers, cut-glass decanters, vases and bowls lent their glittering highlights to the most lavish marble mantelpieces and luxurious tables, crystal went into decline, becoming rarer and even more desirable. Many crystal works closed, leaving only a handful still operating – the best.

The history of the Cristalleries de Saint-Louis[2] and Lorraine is a resonant one. It was in this now-isolated valley in the middle of the woods that the sculptor Olivier Sévère had an unforgettable experience. In 2010 he began a residency of several months there as the guest of the Hermès Foundation,[3] with the goal of carrying out a project on-site and taking inspiration from the spirit of the place, the conversations that his ideas would generate with the artisans and his interaction with their matchless savoir-faire. The wealth of possibilities, the freedom, and the access to materials and techniques available to so few artists in a manufactory whose centuries-old secrets are usually so jealously guarded were powerful motivators for him. There was a real "meeting of minds" between the

1. François de Beaufort devised the formula for making crystal at Saint-Louis in 1781. The manufactory specialised exclusively in crystal as of 1829.

2. Cristalleries de Saint-Louis became part of the Hermès manufacturing division in 1989, under the aegis of Jean-Louis Dumas.

3. Along with Simon Boudvin at the Maroquinerie des Ardennes, Benoît Piéron at the Holding Textile Hermès and Elisabeth S. Clark at the Maroquinerie de Sayat, Olivier Sévère participated in the first year of the Fondation d'entreprise Hermès artists-in-residence programme in 2010. The programme gives each year four visual artists the opportunity to produce a work of art receiving exceptional artisanal know-how and using materials from the Hermès workshops. An exhibition of their work is planned for 2013.

sculptor and the glassblowers, cutters and engravers. The power of the experience lay in the magic of the encounter, the "transfer" between worlds. Even today, Olivier Sévère is amazed to think how quickly it all came together. A period of immersion followed. For days on end he never left the crystal works.[4] He took the place's pulse, observed the people who lived and worked there, and soaked it all up, putting questions to everyone from the master glassmaker to the gardener,[5] from the chemist to the heritage director. He went straight to the heart of this unique microcosm and came to feel part of it. He acquired a taste for this timeless solitude and visited the attics, those Ali Baba's caverns where yesteryear's marvels lie dormant, and spent long hours walking in the woods and among the ferns. This idea of immersion, which the Foundation so values, plunges the artist into a world to the point where he forgets what lies outside of it, stimulating him to create a new kind of studio. This is perfectly suited to modern sculptors, many of whom, when conceiving their work, think about the production aspect in the early phase and then look to industrial or artisanal facilities to realize their projects. The Hermès Foundation sends its young artists in residence to just such production sites, which actually function as artist's studios in new and surprising ways. They then leave the cocoon to go and seek inspiration elsewhere, embarking on another journey towards a totally new world,[6] where they will decipher, tame, use and come to grips with production processes they had never previously seen. It is a real challenge. Olivier Sévère found this first stage compelling and, after the time needed to filter and decant his project, it emerged from its matrix in a fairly natural way. For a period of just over five months, he spent about fifteen days per month on the site, learning how to make moulds and about temperatures[7] and drying times, surprising himself by inventing red and gold, understanding how to decode silences, handling objects and tools, asking, explaining. The magic worked, and conversation flourished. With a little separation and the right degree of distance, the project took shape. Sévère's stones emerged in a project he called *De rien ne se crée rien*, meaning that nothing can be created from nothing, an idea formulated by Anaxagoras in the fifth century BC.
The artist had studied at the École des Beaux-Arts in Paris, first with the sculptor Erik Dietman, an artist with an ogre-like appetite for matter, and then with Emmanuel Saulnier, another sculptor, who recommended him for this residency with the Hermès Foundation and who encouraged him to pursue his desire to explore, analyse, conceptualise and reconstitute in different ways the

4. Olivier Sévère spent two weeks at Saint-Louis in June 2010 becoming familiar with the site, its skills and its artisans, and putting together ideas for his artistic project. His pieces were made between October of that year and March 2011.

5. Since 2009 Saint-Louis has had a garden that filters the waste water from the manufactory as part of its continuing environmental efforts.

6 Young artists are given free rein to produce an artwork; they must also approach the manufactory with a mind free of preconceptions.

7. In the process of crystal making temperatures can go as high as 1300°.

process of making materials. The material itself turned out to be both his subject and tool.[8] At Saint-Louis, where they produce crystal, Sévère's project was to create a collection of "stones," to go back in time to the origins of the Earth, when stone and glass came from the same clay. The rock crystal created by nature is only a stone made of quartz comprising sands of different degrees of transparency and limpidity. The crystal created by man contains 70 per cent sand mixed with various other elements, including lead, the vital ingredient. But the way crystal comes into being, whether in the bowels of the earth or in the kiln of a manufactory, is in the image of Genesis.[9] This common genealogy of stones and crystal is what fascinated Sévère. The challenge for him was to integrate all these mythological echoes and at the same time to turn them inside out, to subject them to discrepancies and idiomatic diversions, to end up, *in fine*, with glass stones in the form of pebbles, chunks, rocks, and plaques. Crystal is made from stones that have disintegrated into sand: for Sévère, crystal would become stones! His perspective thus embraced both the mineral and the chemical, joining the notions of the natural and the artificial.[10]

These are not rough rubies, nor shattered sheets of slate, nor fragments of amber dredged up from the Baltic Sea, let alone botched filigree pebbles. Sévère plays the role of catalyst, imagining a world outside the world of nature, a parallel universe. He reverses roles, boldly mixes the work of the stonecutter with that of the master glassmaker, having the cheek to make the latter blow stones! Which is how at Saint-Louis they came to have chunks of what looked like flannel-grey granite or little quivering white icebergs. The artefact as appropriation of ancestral production techniques, a pastiche of appearances, imitating the lustrous blacks of basalt, inlaying a delicate fern in the skin of a big, crude, translucent block, reviving the colours of agates, engraving polygons on the surface of honey-coloured amber.[11] Sévère's art rests on a tension that arises from the conjunction of opposites. His artistic action would have been inconceivable without the help of the master glassmakers. The understanding shown towards him by everyone at the crystal works, their amazement and what they taught him, enabled him to favour serendipity, to make the most of the natural roughness of surface that the glassmaker usually seeks to banish.

The latter goes by the rules of precision, purity and transparency, seeks the consummate cut, the exact chemical dosage and perfect polish. The best craftsmen aim at perfection,[12] whereas with Sévère they had to agree to create strange imperfections of form and surface. The humility and trust of the

8. Olivier Sévère dreamed up a perpetual cycle of materials: from rock to sand and from sand to crystal.

9. The crystal made at Saint-Louis can on occasion be recycled in the large kilns which supply the artisans.

10. Says Olivier Sévère: "This stone may undergo changes and become sand. This sand may become crystal, and I can artificially decide to give this crystal the shape of a stone. A continuous cycle is thus formed, oscillating between the natural and the artificial."

11. Olivier Sévère made nine sets of stones in crystal, using a great variety of hot and cold-working techniques, combining blown and moulded crystal, direct cutting and acid etching, clear and more opaque crystal.

12. "The difficulty," says Sévère, "was to find forms that fitted both this language and the changes now under way in my practice, while preserving the work's offbeat character and its characteristic notion of difference."

glassmakers were moving. It would seem that an important part of the success of these "residencies" is the authentic human adventure that goes with them. If Sévère tried to "muck in," to help them without hindering them, then surely it was a shared adventure, an exchange of talents when the craftsman performed his dazzling ballet in front of the kiln, or intelligently wielded his shears, cleaving hammers and polishing wheels? This generosity was vital, for the ancient and very physical skills of the glassmaker cannot be learned in the space of a few weeks. The artist put them to fine use, and it is comforting that he realises that his freedom to create was something he owed – among other things – to the artisan.

After this rich experience at the Cristalleries de Saint-Louis, it will come as no surprise to hear that Olivier Sévère has oriented his work towards another kind of stone: the origins of marble.

Une publication/Published by
Actes Sud/Fondation d'entreprise Hermès

FONDATION D'ENTREPRISE HERMÈS
Président/President : Pierre-Alexis Dumas
Directrice/Director : Catherine Tsékénis
Responsable éditorial/Editorial manager : Frédéric Hubin
Chef de projet résidences/Head of Project : Manon Renonciat-Laurent

ACTES SUD
Conception graphique/Graphic design : Raphaëlle Pinoncély
Correction/Copy editor : Corinne Ghibaudo,
Lauranne Valette (français), Heidi Hellison (anglais)
Traduction/Translation : Charles Penwarden
Fabrication/Production : Géraldine Lay

Texte/Text : Elisabeth Védrenne
Légendes du portfolio/portfolio's captions : Olivier Sévère
Photographies/Photographs : © Tadzio, 2011

Le DVD qui accompagne cet ouvrage vous est offert.
Il présente un film réalisé par Béatrice Vernhes,
production exécutive No One, Jean-Paul Boucheny.

The complimentary DVD accompanying this book
presents a film directed by Béatrice Vernhes and produced
by Jean-Paul Boucheny (No One Productions).

La Fondation d'entreprise Hermès remercie Olivier Sévère et
son parrain Emmanuel Saulnier ainsi que les personnes ayant facilité
le bon déroulement de la résidence : Jérôme de Lavergnolle,
président directeur général des Cristalleries de Saint-Louis,
Jean-Paul Hernandez, directeur, et toutes leurs équipes.

The Fondation d'entreprise Hermès would like to thank Olivier Sévère,
his mentor Emmanuel Saulnier and everyone who contributed
to the smooth running of the residency: Jérôme de Lavergnolle,
Chief Executive Officer of the Cristalleries de Saint-Louis,
Jean-Paul Hernandez, Plant Director, and all their teams.

Ouvrage reproduit et achevé d'imprimer en août 2012
par l'imprimerie EBS à Vérone
pour le compte des éditions Actes Sud
Le Méjan, place Nina-Berberova, 13200 Arles
Ce livre ne peut être vendu séparément.

Dépôt légal
1re édition : octobre 2012
ISBN 978-2-330-00206-0

www.actes-sud.fr
www.fondationdentreprisehermes.org

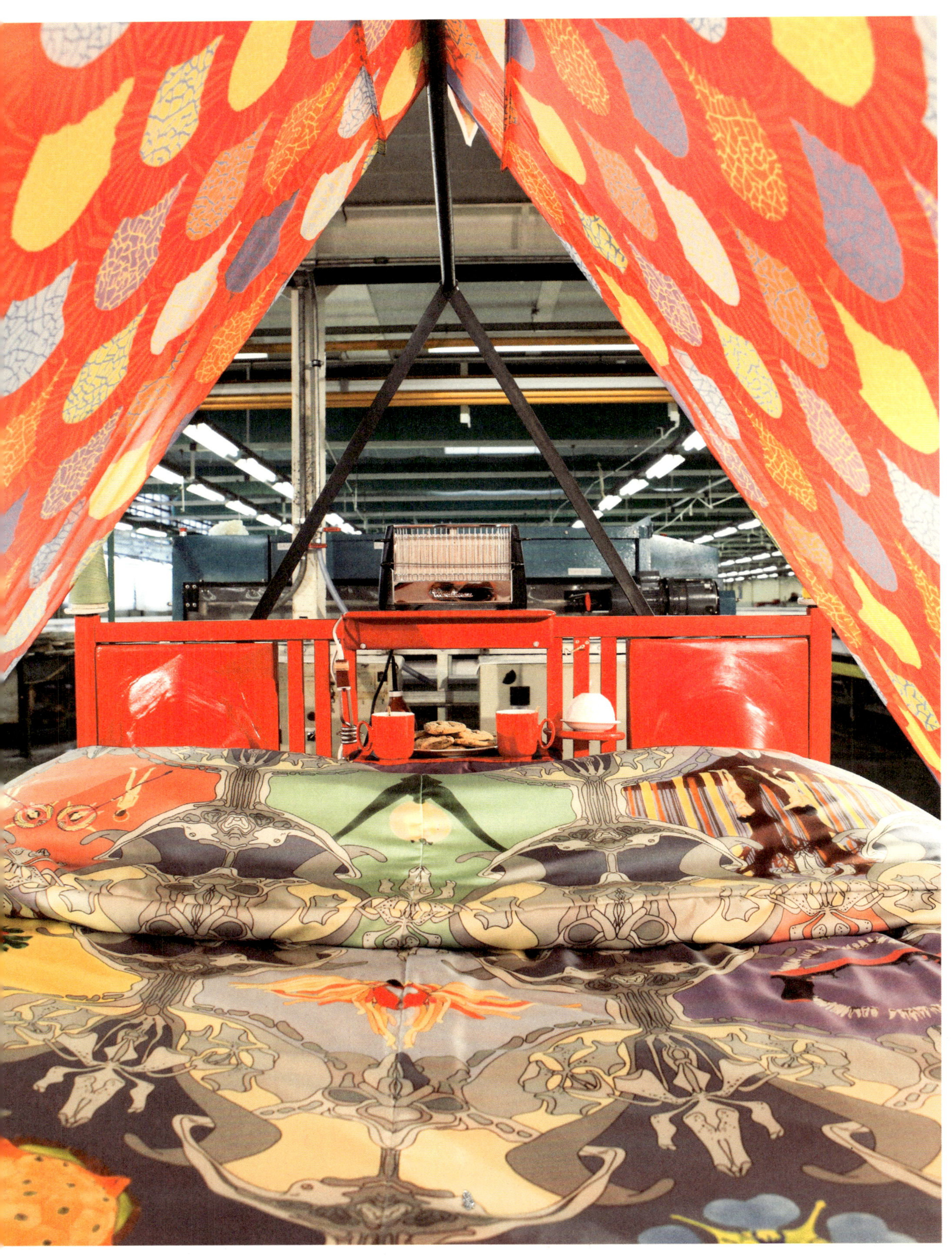

Cahier de résidence

Benoît Piéron

à la Holding Textile Hermès

sous le parrainage de Richard Deacon

ACTES SUD | FONDATION D'ENTREPRISE HERMÈS

Nuit de noces

Élisabeth Védrenne

On ne s'étonnera pas que ce soit l'artiste britannique Richard Deacon qui ait proposé pour le programme de résidences de la Fondation d'entreprise Hermès[1] le jeune Benoît Piéron. Enseignant depuis 1999 à l'École nationale supérieure des beaux-arts de Paris, Richard Deacon[2] se nomme lui-même "fabricateur" plutôt que "sculpteur", or devant l'objet composite et insolite imaginé par Benoît Piéron, on comprend à quel point celui-ci a assimilé la pratique sensorielle de son professeur : celui-ci travaille en effet la plupart du temps à partir de matériaux déjà manufacturés, industriels ou parfois artisanaux comme la céramique. Le "lit nuptial" réalisé par Benoît Piéron permet, grâce à ses distorsions et ses ambiguïtés, de visualiser une métamorphose des formes et des matières tout en laissant apparent le travail constructif. Ses matériaux, la soie, mais aussi ses techniques, les colorations, les impressions, la couture mais aussi le montage, l'empilement, le collage, le rivetage, etc. structurent son œuvre tout en conservant les marques de leur origine. Ce travail illustre formidablement le projet de la Fondation qui est d'associer un artiste à des savoir-faire singuliers comme ici la production de soie de la Holding Textile Hermès[3], mais aussi d'inspirer tout simplement ces jeunes plasticiens en leur faisant côtoyer d'autres gestes du quotidien.

Les questions se bousculent devant ce radeau peu identifiable. On reconnaît dans cet étrange jouet un lit à baldaquin et une tente flamboyante : objet-meuble-cabane ? Objet rituel proche de l'ex-voto, de la prière, de l'arbre votif ? Lit de conte de fées, fantasme digne de la délicate Princesse au petit pois dont la peau si fine ne supportait pas le moindre pli et qui se serait perdue d'extase dans cette profusion soyeuse ? Lit à tout faire, de la lecture avant de dormir au pain grillé du petit-déjeuner ? Bivouac éphémère ? Lit érotique pour débats amoureux façon embarquement pour Cythère ? Lit festif où mascarades riment avec charades ? Lit-abri qui vous cache et vous protège sous les écailles

1. Avec Elisabeth S. Clark à la Maroquinerie de Sayat, Simon Boudvin à la Maroquinerie des Ardennes et Olivier Sévère aux Cristalleries de Saint-Louis, Benoît Piéron participe en 2010 à la première édition des Résidences d'artistes de la Fondation d'entreprise Hermès. Le programme a pour ambition de permettre chaque année à quatre jeunes plasticiens de produire une œuvre en bénéficiant de savoir-faire artisanaux d'exception, et en utilisant les matériaux des ateliers de la maison Hermès. Une exposition retraçant les premières résidences est prévue en 2013.

2. Les quatre "parrains" sont Susanna Fritscher, Giuseppe Penone, Emmanuel Saulnier et Richard Deacon. Ils ont été choisis pour leurs qualités pédagogiques, leur expérience du travail de la matière, et pour leur excellence artistique, et sont nommés pour un cycle de quatre années.

3. La Holding Textile Hermès est un pôle manufacturier dédié au travail de la soie et des textiles. Il intègre tous les métiers, du tissage à l'impression.

mimétiques et les plumes de paon ? Lit-papillon aux ailes en vitrail, translucides à la lumière, prêt à l'envol ?

Benoît Piéron a sélectionné sa soie avec délectation, un twill et une mousseline, il y a projeté ses motifs, pour former une sorte de tente, pour en agencer d'autres en patchwork, en faire une couette, des taies d'oreillers, des draps. La profusion de ces soieries aux coloris rutilants de feu et de vie constitue à elle seule une invitation au voyage voluptueux au creux d'une vraie "maison d'étoffes". On remarque seulement après les montants du baldaquin faits de bobines de fils de soie empilées, on songe aux Parques, à Pénélope, aux femmes qui traditionnellement tissent et trament, à l'amour. On voit les fanions formant le dais du lit, avant-goût des étoiles, on imagine le septième ciel, la fête, la joie. On s'approche, on touche la toile de la tente : oui, elle est bien enduite[4] et imperméable aux gouttes de pluie. Accueillante. Mais d'aussi près on découvre que le spectacle a légèrement changé, imperceptiblement. Tout est en place pour le plus délicieux des rêves, pourtant tout paraît différent peu à peu. Comme si on passait de l'autre côté d'un miroir.

4. L'enduction de la soie est un traitement de surface qui lui confère une certaine imperméabilité.

On distingue, sous les airs sucrés d'un bestiaire aux coloris solaires et fruités, des motifs à la crudité inattendue. Des os entrelacés, des crânes, des sexes féminins anatomiques[5], des pattes d'insectes. On avise de curieux oiseaux-vigies qui surveillent l'ensemble en surplomb, dotés d'effrayants becs pointus façonnés avec des aiguilles d'hôpital. On s'étonne des drôles de gouttières qui de loin semblent encadrer le lit mais, vues de plus près, l'enserrent comme les canaux d'évacuation du sang. Ambivalence de cette couche où l'on est censé prendre soin de vous mais où l'on vous brutalise aussi. L'atmosphère se transforme constamment, flirte avec une magie plus noire, effraie juste ce qu'il faut. Le rêve deviendrait-il cauchemar ? Lit-araignée attirant sa proie, lit-piège, lit-prison, lit menteur ? La violence, comme dans les contes, est sous-jacente, elle sourd des motifs, de ces iris mauves aux chairs flasques, de ces boutons de clitoris, de ces rotules et entrecroisements, de ce triangle à la jonction des cuisses, de ces mites dévoreuses de tissus, de ces scarabées et de ces rosaces.

5. Les deux oreillers reproduisent en de multiples dégradés de roses le sexe féminin d'une planche d'encyclopédie ancienne.

Sous les impressions idylliques se cachent ombres et déchirures. Ces allusions sexuelles, religieuses ou mortifères évoquent un romantisme sombre relié à des visions plus gothiques[6]. Une ode à l'étrangeté, au transitoire, au double, aux deux revers d'une même médaille. Un lit "cosmogonique" louant autant la lumière que les ténèbres, une installation digne de certains cabinets de curiosités. Le sang de la vie se métamorphoserait-il en sang du vampire,

6. Les dessins aux multiples symboles de Benoît Piéron trouvent place sur la couette dans la structure d'un motif emprunté à une étoffe art nouveau découverte dans les archives de la manufacture.

en menstrues inquiétantes, en souffrance ? Lit-exutoire offert comme un corps ouvert, retourné sur l'extérieur comme un gant. Le lit de l'inconscient joyeux du premier impact se mue en lit psychique du trouble. Désarroi du spectateur. Le regard vacille. Le fil rouge de ce travail réalisé en résidence par Benoît Piéron est bien une "Histoire du drame de l'accomplissement du mariage".
Afin d'imaginer un tel objet hétérogène, Benoît Piéron a littéralement "campé" au cœur même du lieu de la fabrication des carrés de soie Hermès, où on lui a fourni toutes les facilités pour explorer cet endroit immense. Il a pu expérimenter les innombrables savoir-faire puis faire le tri entre formes, matières et couleurs. Il a aussi eu la chance d'installer un atelier temporaire sur le site même de la manufacture de soie à Pierre-Bénite[7] dans la région lyonnaise. Tel un escargot, il s'est recentré dans sa coquille, récapitulant et triant parmi tout ce nouveau savoir. Cet atelier aussi impromptu que temporaire est devenu, pendant les trois mois complets passés là, un lieu de vie, d'échanges avec les artisans, de pause café, de refuge par mauvais temps. Son "petit bungalow", ou "son isba" lorsqu'il y sera bloqué pour cause de neige : Benoît Piéron fait volontiers preuve d'humour au détour de ses expériences. Être sur place lui a aussi permis de visiter, la nuit, certaines machines au repos, de rêver devant des tables d'impression. D'en retenir la quiétude solitaire.

7. L'artiste avait émis le souhait d'installer son atelier sur le parking de la manufacture, un petit trois-pièces dans un préfabriqué...

Il faut l'imaginer, personnage dégingandé et lunaire, revêtu du bleu de travail traditionnel, "très bien coupé" selon ses dires, pour mieux se fondre au milieu des autres, déambulant à grandes enjambées avec ses chaussures de sécurité dans les Ateliers AS[8] ou méditant, ébloui par les dessins qu'il consulte aux archives de la maison Bucol[9] où il a aussi accès, ébahi en découvrant les étonnantes planches d'anatomie ou les photos d'architectures botaniques de l'Allemand Karl Blossfeldt. Les archives seront son lieu préféré. Ailleurs, il s'émerveille de l'ambiance d'étuve des salles où l'on fabrique les teintures "qui vous font la peau douce" ! Il est saisi par la sensualité émanant du secteur où l'on fabrique les couleurs même s'il n'y travaillera pas. Il s'extasie devant les écheveaux de soie venus du Brésil, les énormes bobines et les métiers à tisser. Il converse aussi bien avec les gens de l'héliogravure qu'avec les ingénieurs, ceux des ateliers d'impression[10] et de lavage ou les coloristes. Les contraintes dues à l'immensité du site, aux horaires, à l'inexpérience, tout est gommé grâce à l'efficacité de Kamel Hamadou, personnage référent et fondamental qui fait le lien avec tous les secteurs, le présente à tous, lui facilite les accès, et lui apporte même

8. Les Ateliers AS sont une des sociétés de la Holding Textile Hermès, dédiés à la fabrication des couleurs, à la coloration des motifs et à l'impression aux cadres à la lyonnaise. Ils ont été fondés en 1937.

9. La maison Bucol fait également partie de la Holding Textile Hermès. Elle est particulièrement réputée pour les archives de ce soyeux lyonnais actif depuis 1920, et riche de collections beaucoup plus anciennes.

10. Benoît Piéron a également travaillé avec la SIEGL, autre société du pôle manufacturier.

sa cafetière dans son bivouac. Très organisé, il se met au diapason et il souligne l'importance d'une jeune femme qui l'a beaucoup aidé, Charlotte Béal, une *patroneuse* experte dans l'art de faire des patrons qui lui enseigne tout sur les plis et les pinces.

Ces expériences initiatiques faites, le lit se construit avec des lambeaux de souvenirs soyeux, de sensations et d'outils empruntés. Ce "lit-nuit de noces" se décompose en une alcôve à l'intérieur d'une chambre à coucher dans laquelle Benoît Piéron met en place le décor souhaité pour le déroulement de ce qui peut se comprendre aussi comme un drame. Une scène éminemment théâtrale où se joue le rituel de la défloration. Chacun y retrouve les codes de ce rite de passage dans diverses civilisations ou époques : importance des tissus, du drap taché de sang que l'on exhibe, des divers fluides, la douleur et la douceur, la vie et la mort, bref un lit cosmogonique aux accents mystiques et anthropologiques. L'homme défait le voile tissé à l'intérieur de la jeune vierge. Il y a mystère, il y a sacré. Benoît Piéron met en scène silencieusement un rite de perte. Mais le lit nuptial est aussi le berceau de toute création, lit de la procréation, de l'enfantement dans son acception globale. Benoît Piéron y fait sans doute allusion lorsqu'il orne la tête du lit de deux gros seins maternels peints en rouge juste au-dessus des deux oreillers, ou lorsqu'il joue avec le mot "lait" : sous les oreillers il a caché des colliers en "dents de lait[11]" qui peuvent aussi se transformer, s'il le faut, en redoutables mâchoires. Il existe toujours dans ses objets une fonction cachée défensive. Selon ces mêmes jeux sémantiques, les "blancs corbeaux" sont ainsi des "corps beaux blancs". Les ambigus carnassiers habituellement noirs sont ici "juchés sur l'arbre de la connaissance". Remplacent-ils les blanches colombes ou le Saint-Esprit ? Et l'artiste Benoît Piéron ne se verrait-il pas un peu en chaman ?

Après son bivouac lyonnais, Benoît Piéron a été accepté comme lauréat de la bourse de la Casa de Velázquez. Il est donc reparti sur les chemins qui l'ont mené jusqu'en Espagne. Aux dernières nouvelles, il ferait escale à Barcelone pour y apprendre l'art d'assembler les *azulejos*.

11. Sous l'oreiller est caché un dentier fait d'accroches en céramique glanées lors de sa visite de l'atelier de tissage de la soie. Elles sont montées sur un support métallique en forme de fer à cheval.

Le lit

à la Holding Textile Hermès

Épluchette de blé d'Inde caverneux (planches de recherches sur le mur de l'atelier de Benoît Piér
Corn-husking party (research material on Benoît Piéron's studio w

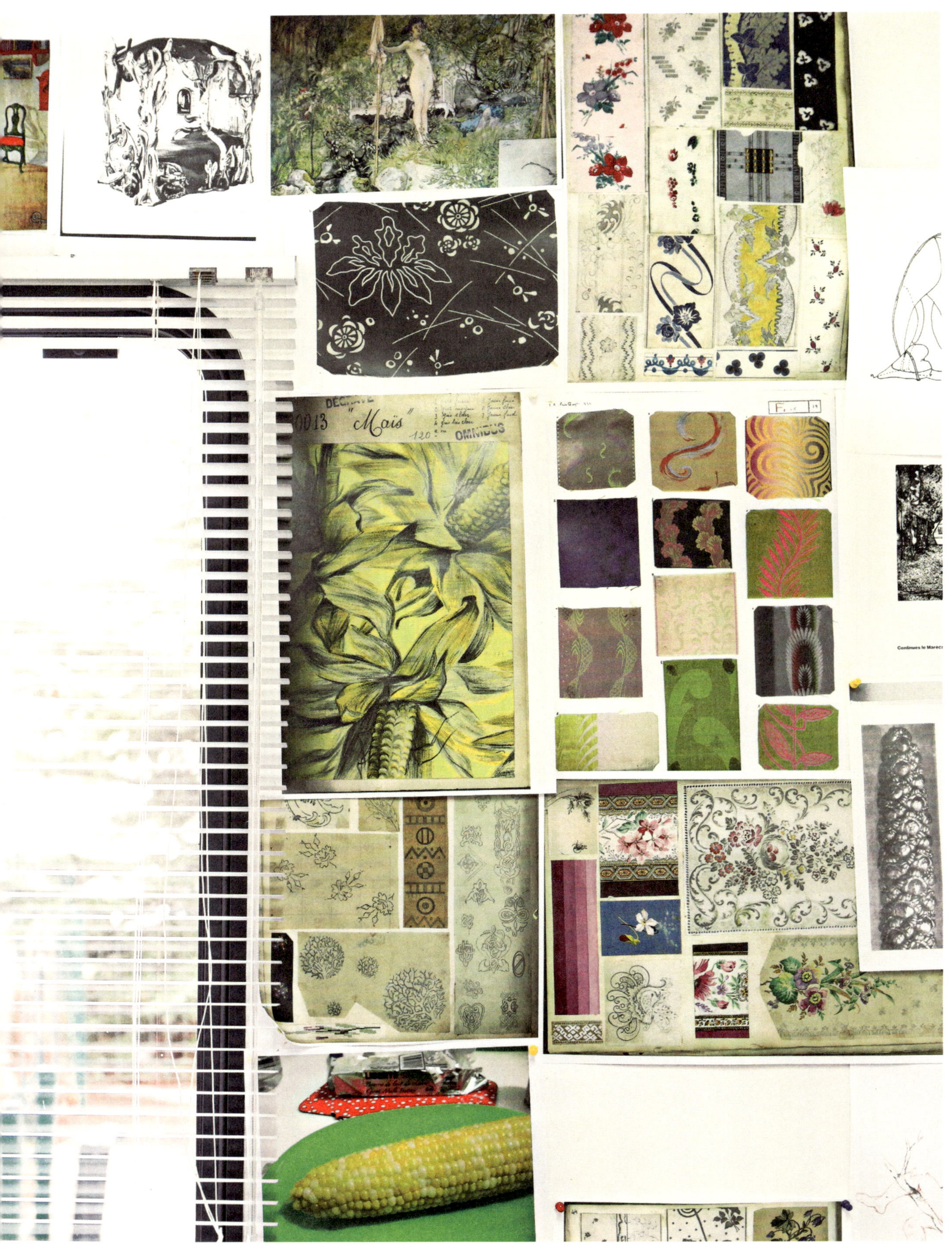
0013 "Maïs"
120
OMNIBUS

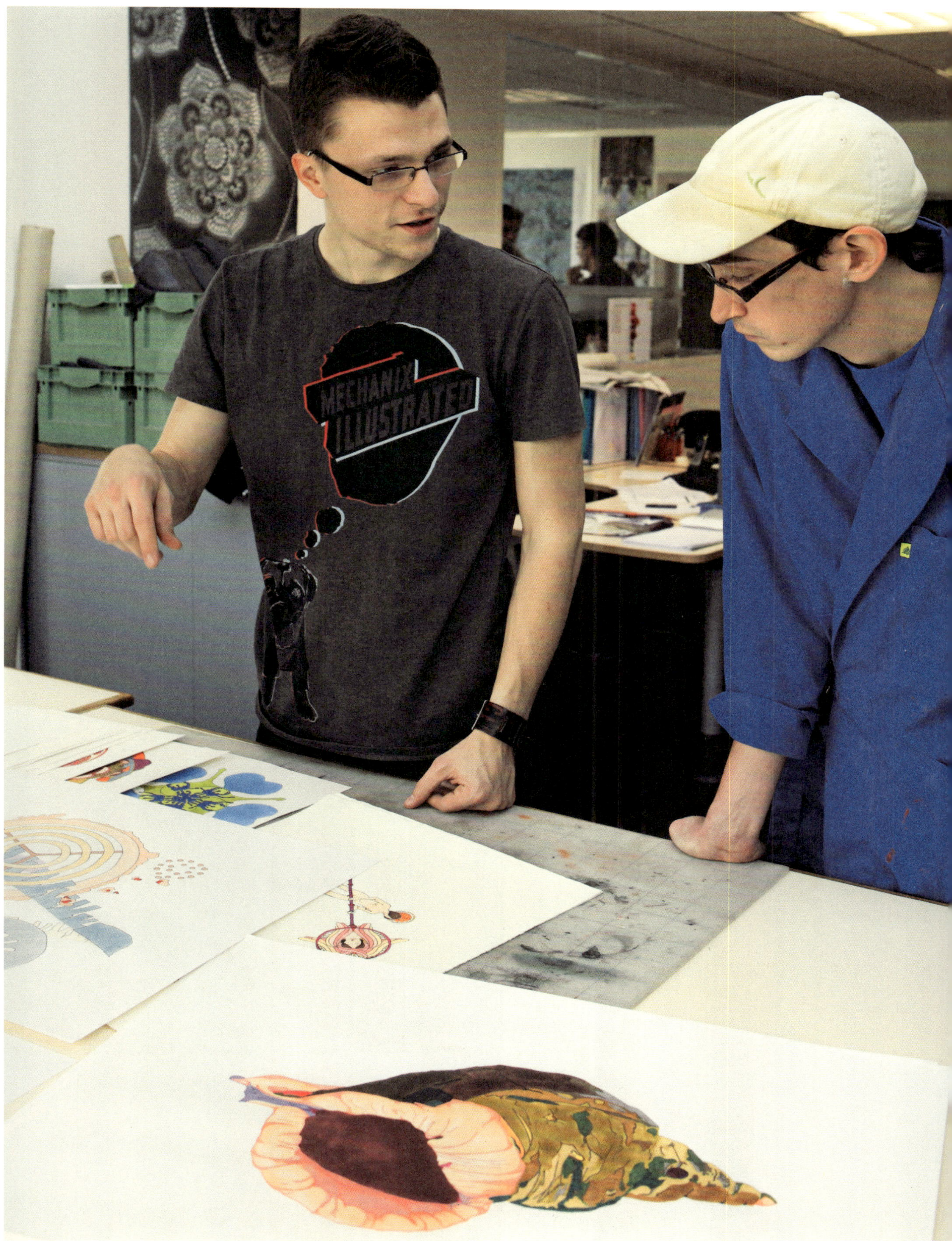
MECHANIX
ILLUSTRATED

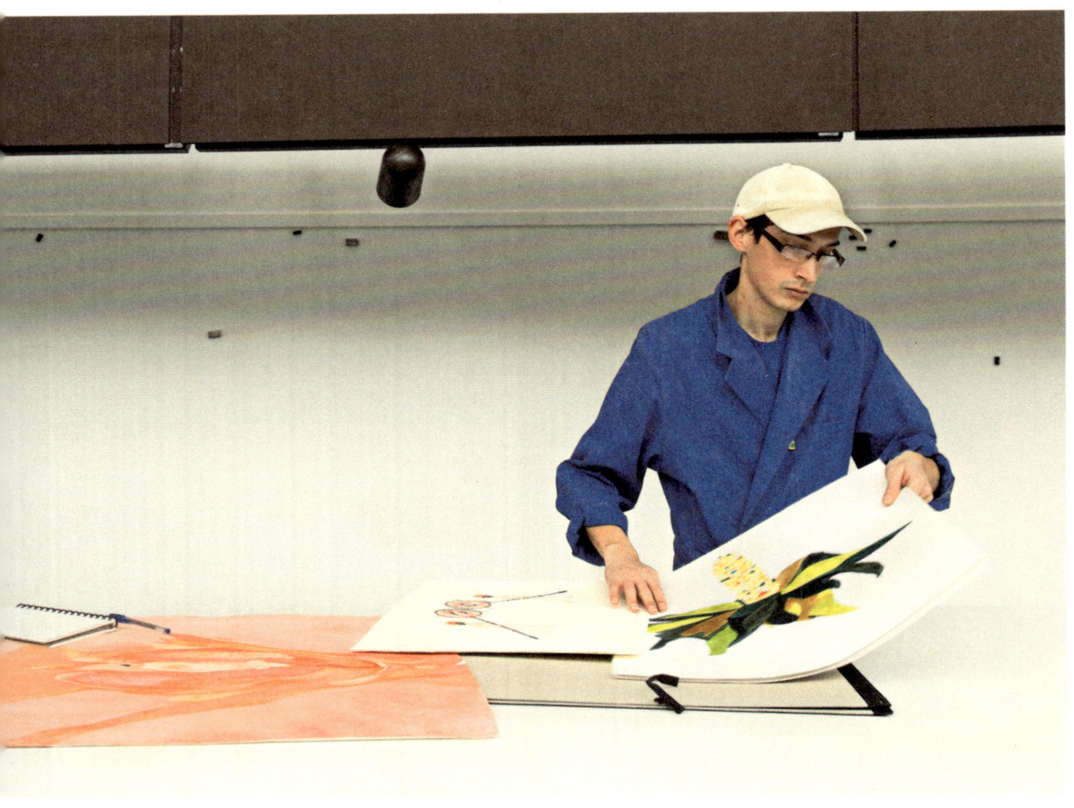

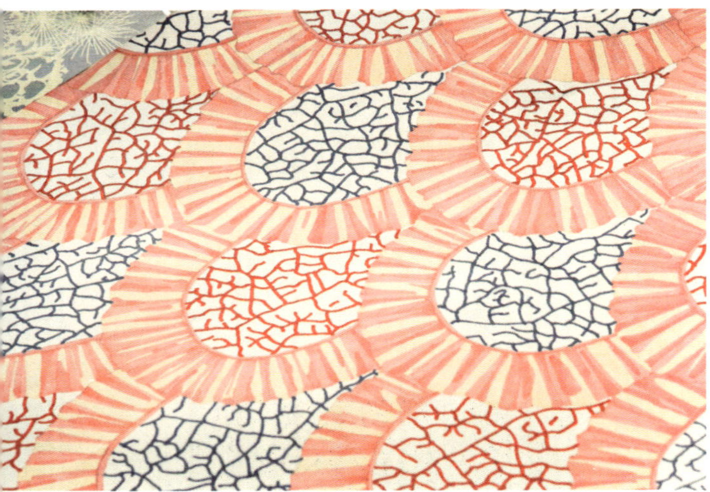

e au rapport et vascularisation graphique (travail avec Juraj Straka, infographiste, et dans la salle dédiée à la coloration).
port setting and graphic vascularisation (work with Juraj Straka, computer graphics designer, and in the colouring room).

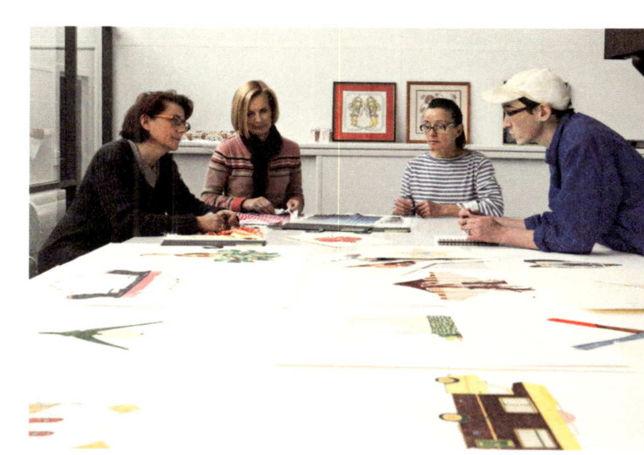

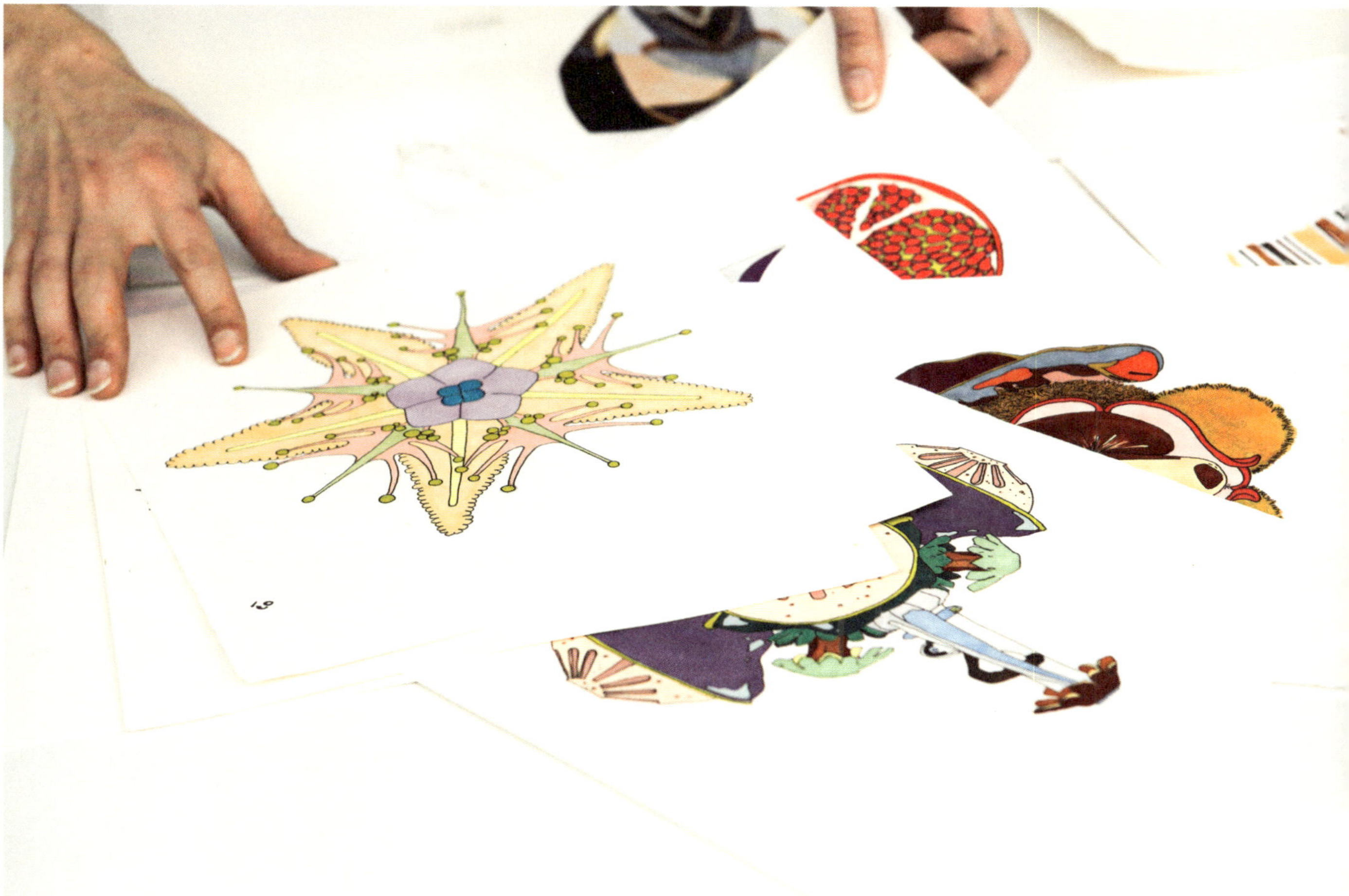

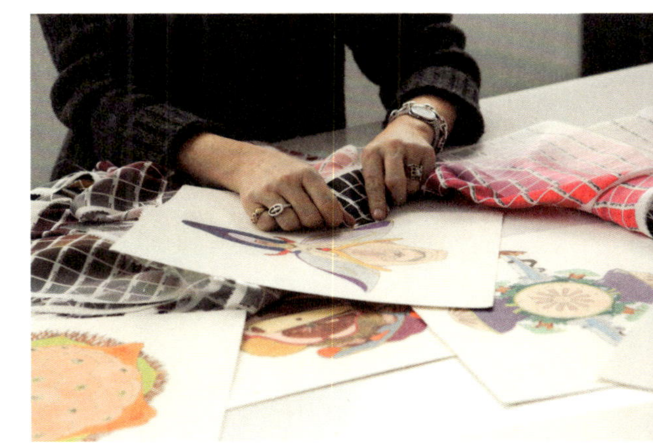

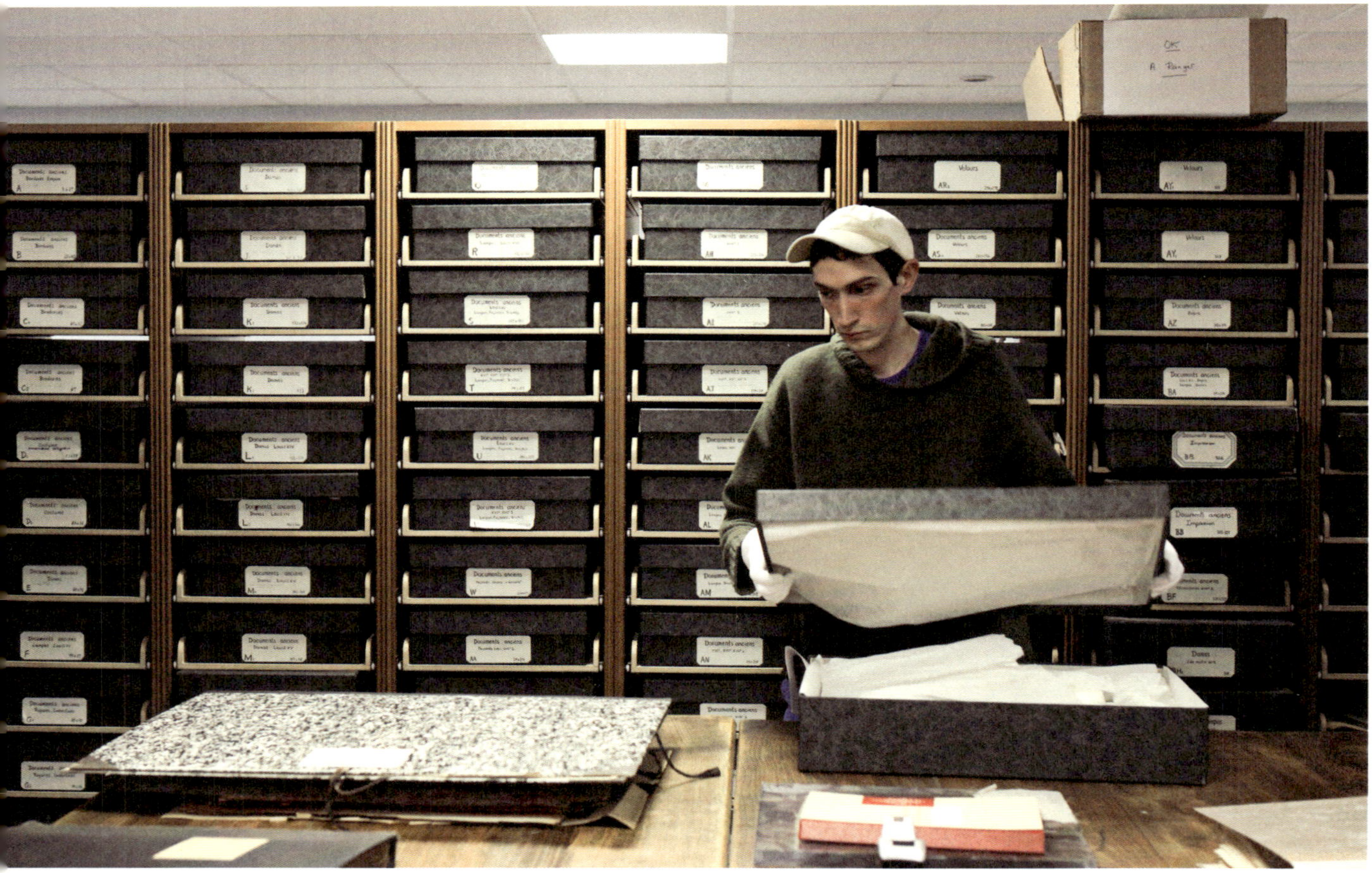

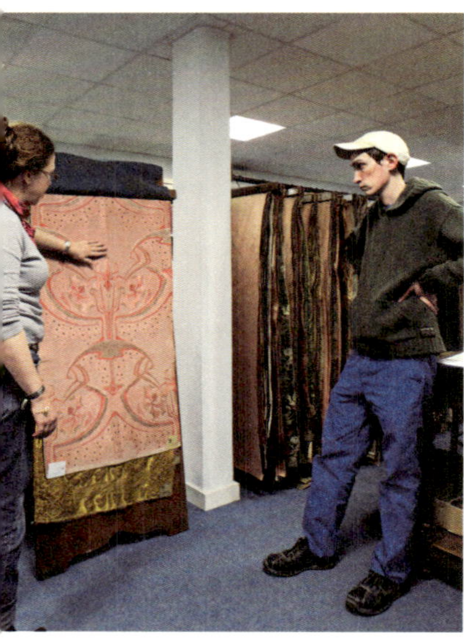

ɪes de Sainte Vierge et armures piquantes (recherches dans les archives Bucol).
ʳts of holy virgins and spiky armour (research in the Bucol archives).
ge de gauche : *Du hast den Farbfilm vergessen* (échanges avec les coloristes).
t-hand page: *Du hast den Farbfilm vergessen* (exchanges with colourists).

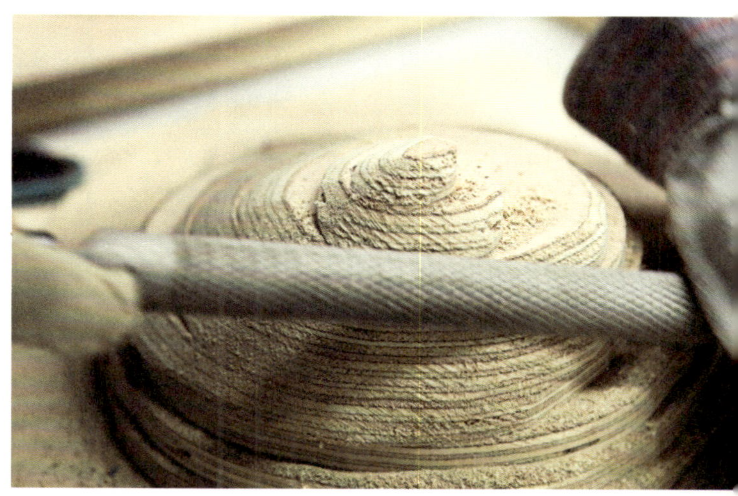

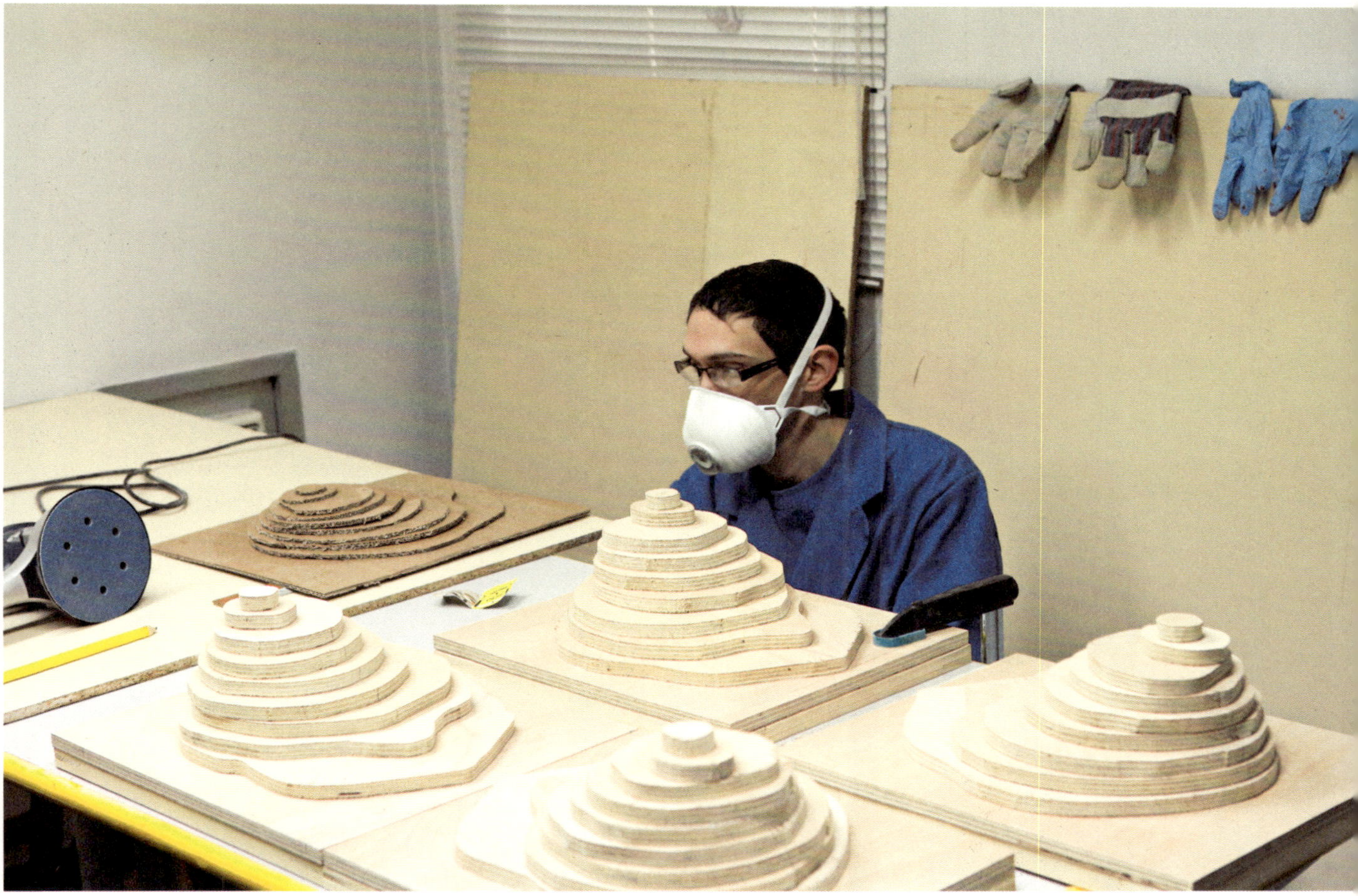

Géomorphologie de la tête de lit (sculpture dans l'atel
Geomorphology of the bedhead (sculpture in the stu

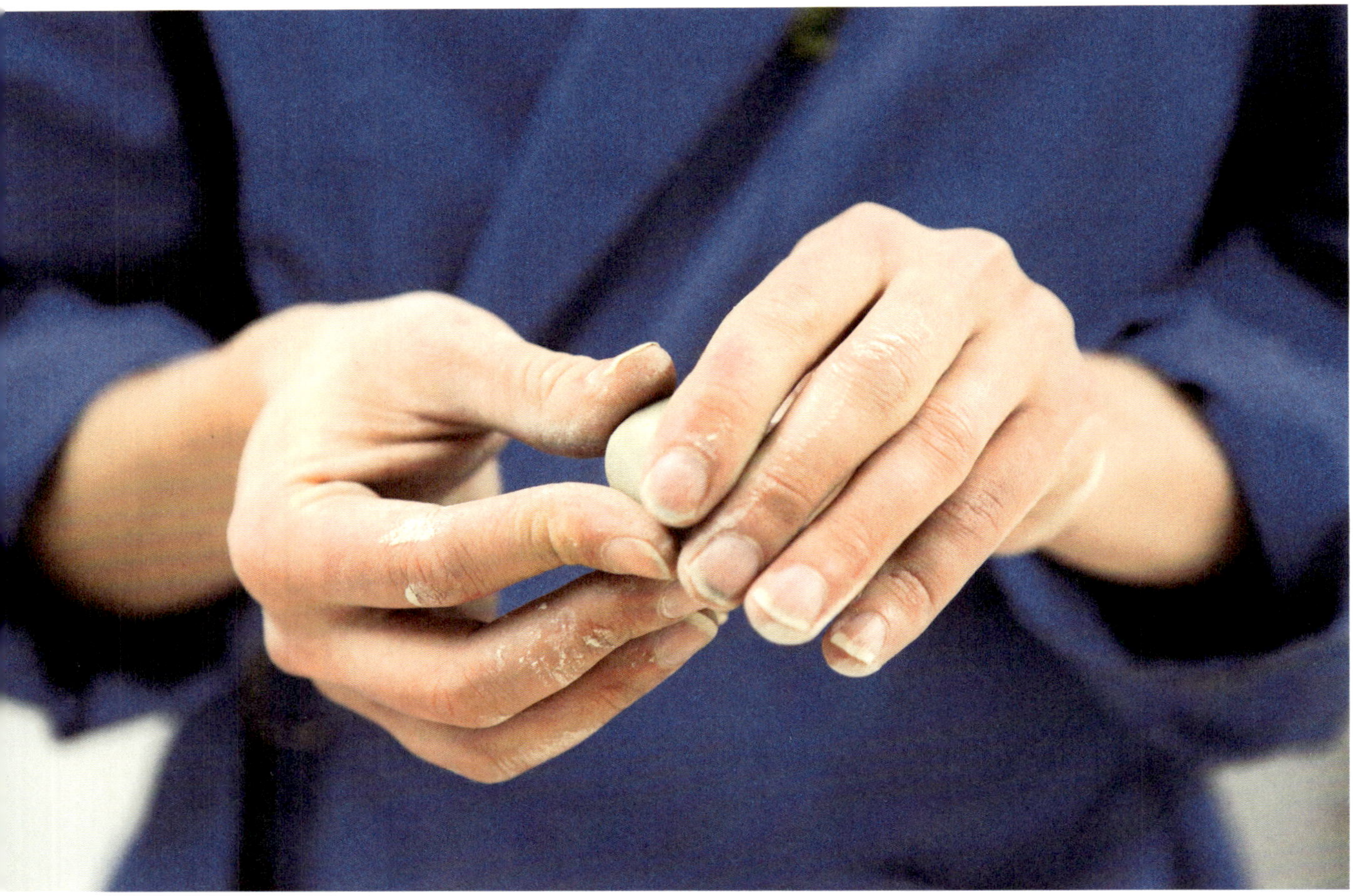

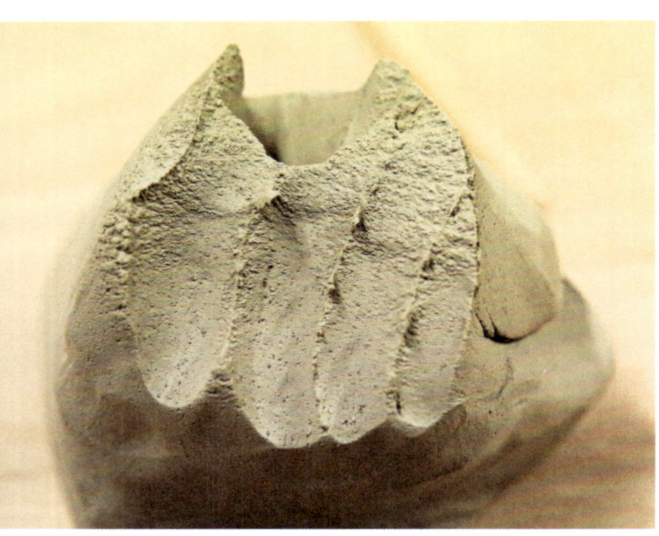

sserie de l'inconscient (modelage pour les montants du lit).
try of the unconscious (modelling for bedposts).

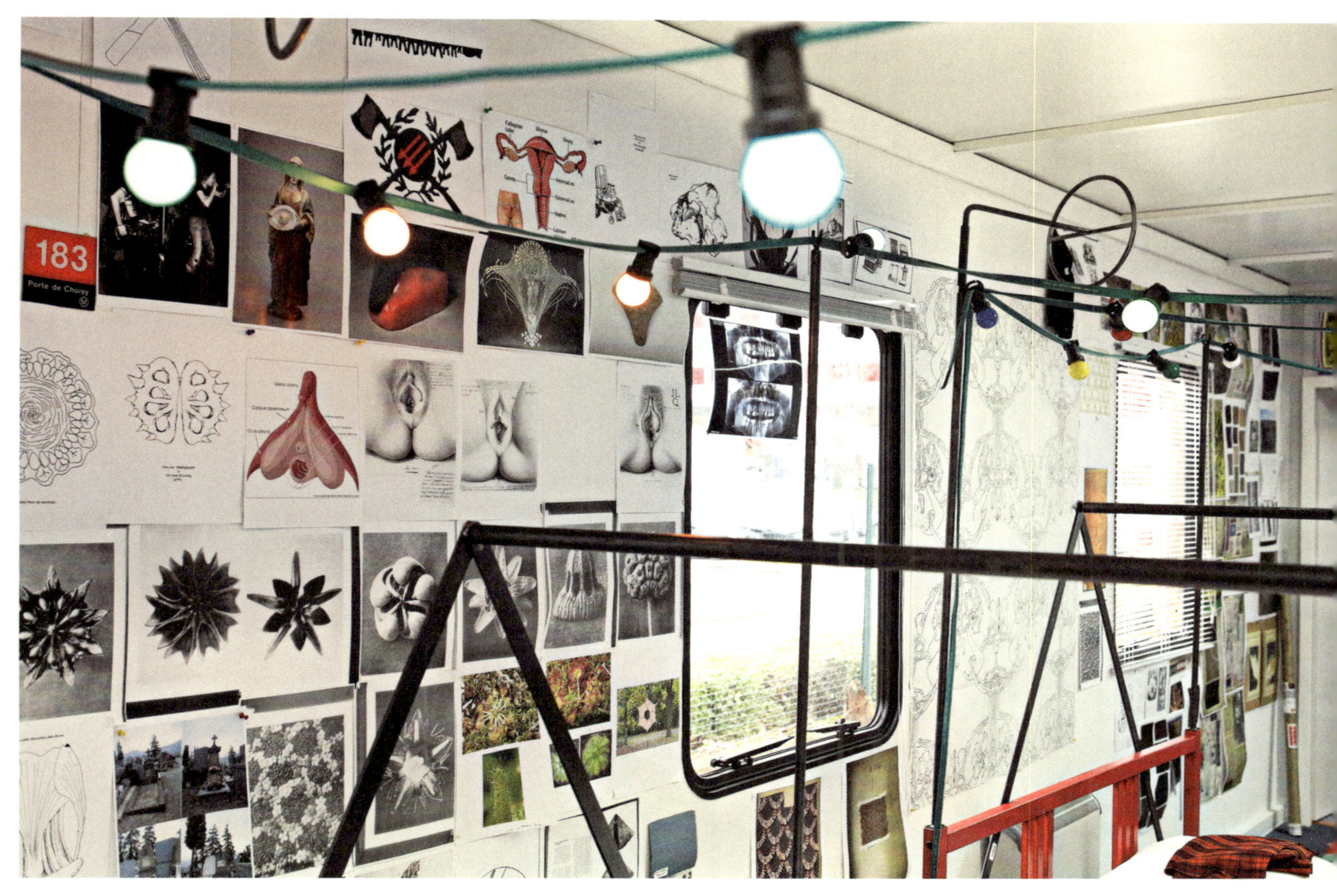

Mur de condensat
Condensation
Page de droite : La danse de la poussière dans les rayons du soleil (dans l'atel
Right-hand page: The dance of dust in the rays of sunlight (in the stu

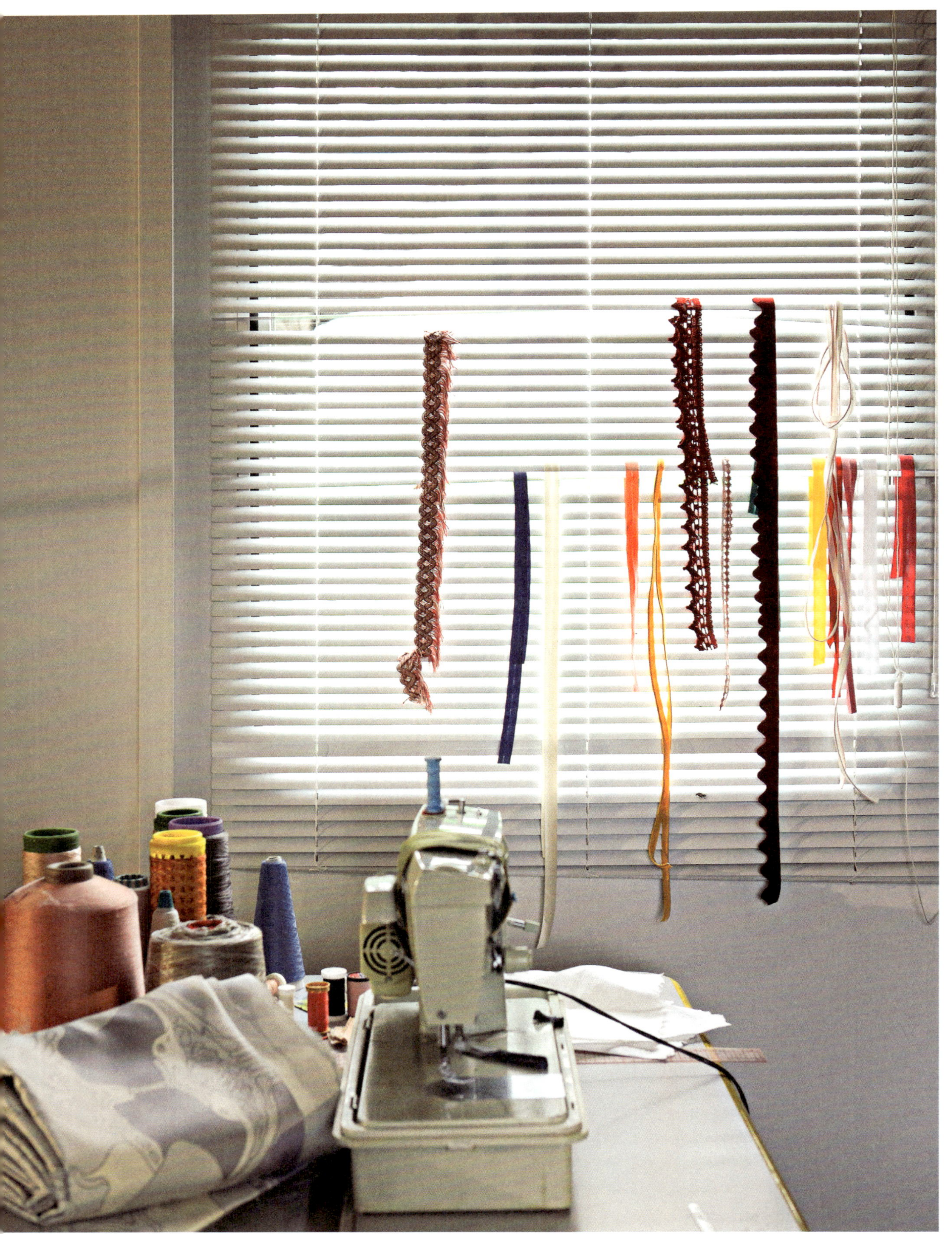

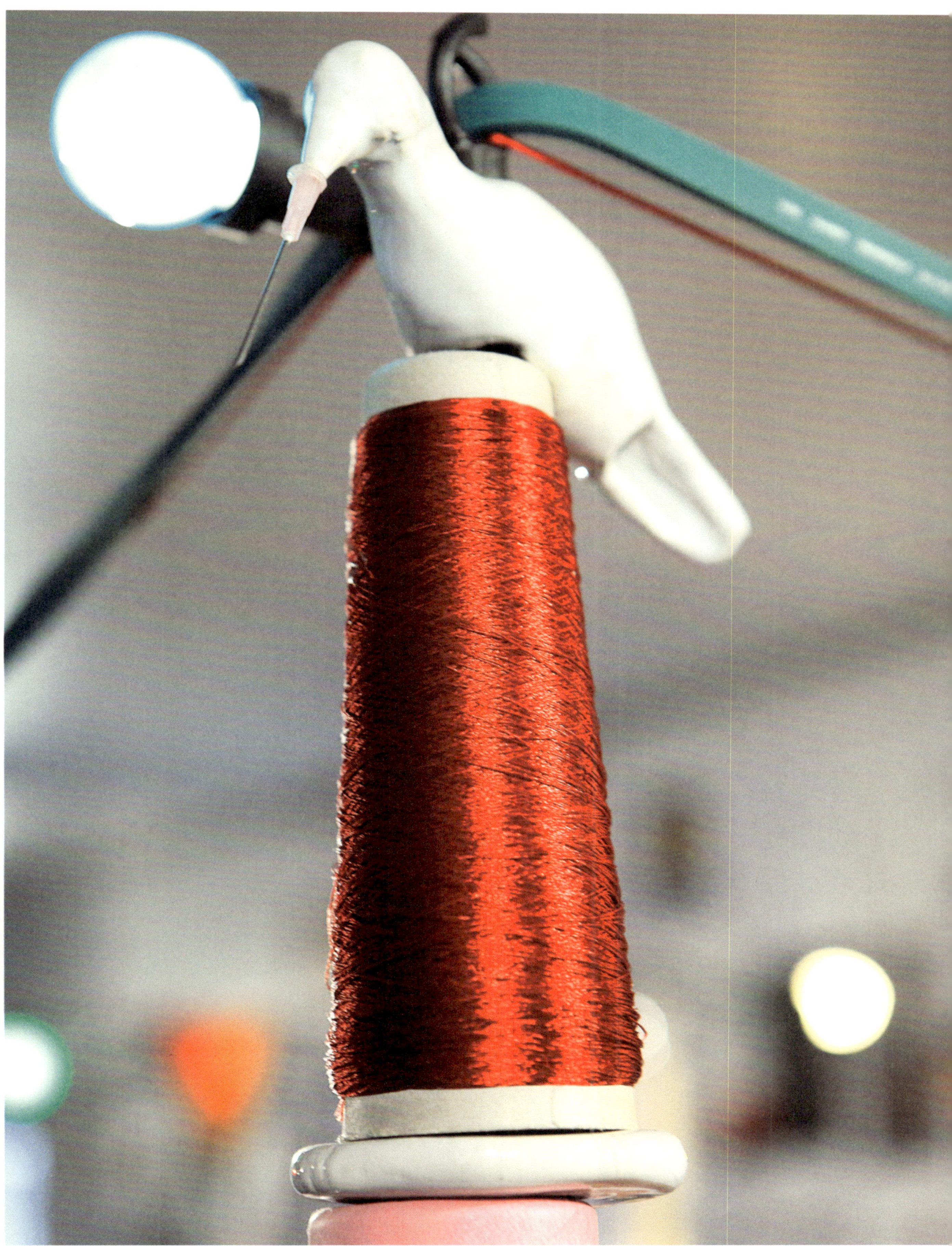

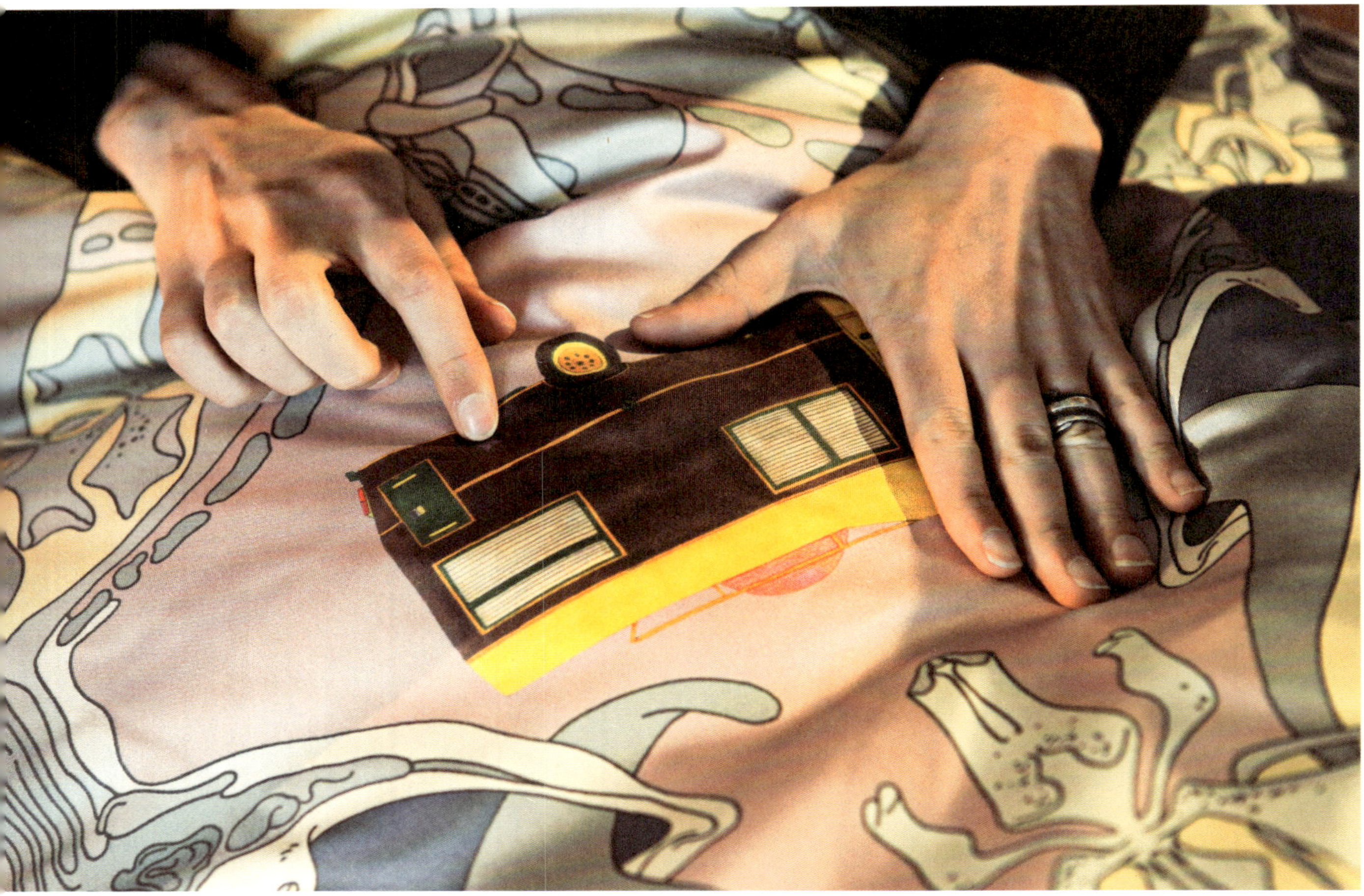

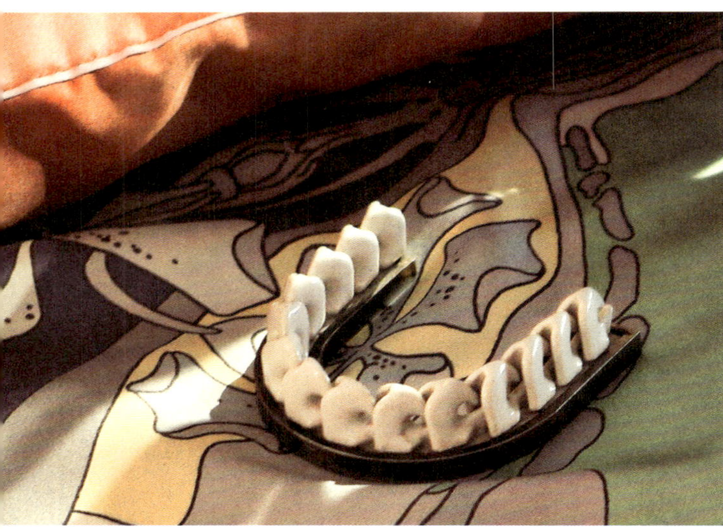

ılpture de lait et dents de crocodile (couette de soie imprimée et, sous l'oreiller, une surprise).
ılpture with milk and crocodile teeth (printed silk quilt and, under the pillow, a surprise).
ge de gauche : Perchés sur les poteaux de la connaissance, des corbeaux sanitaires garantissent la sérénité de l'alcôve (couronnement d'un montant du lit).
t-hand page: Perching on the posts of knowledge, sanitary crows ensure the serenity of the alcove (top of bedposts).

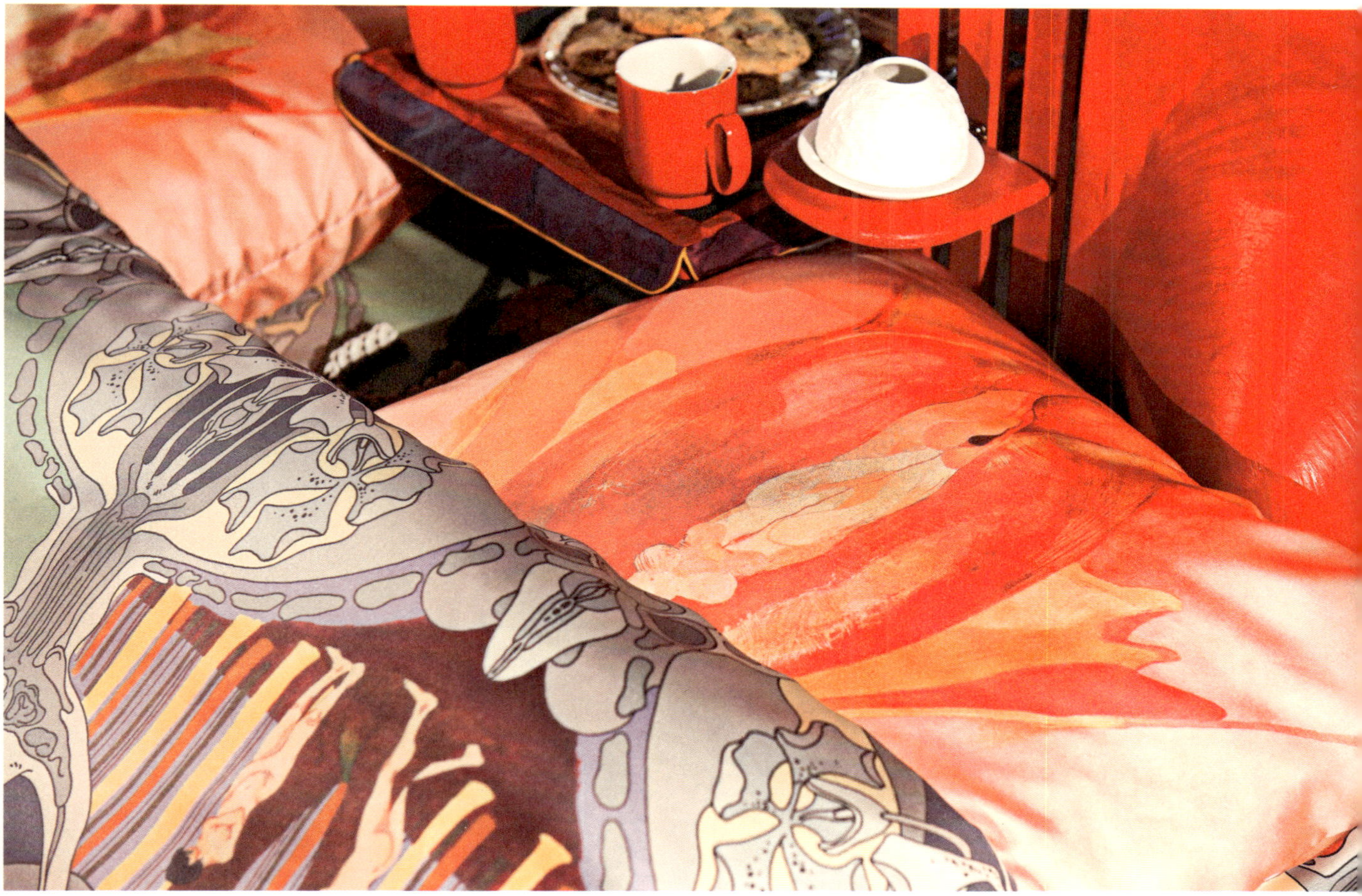

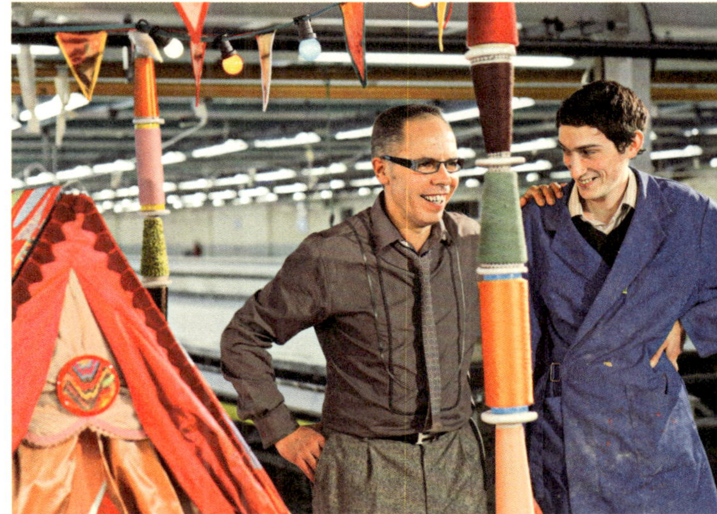

Sur une nappe sportswear en taffetas amish, tous les ustensiles nécessaires à la tenue du rituel du petit-déjeuner (avec Kamel Hamadou des Ateliers
On a sportswear cloth in Amish taffeta, all the utensils needed for the ritual breakfast (with Kamel Hamadou of Ateliers

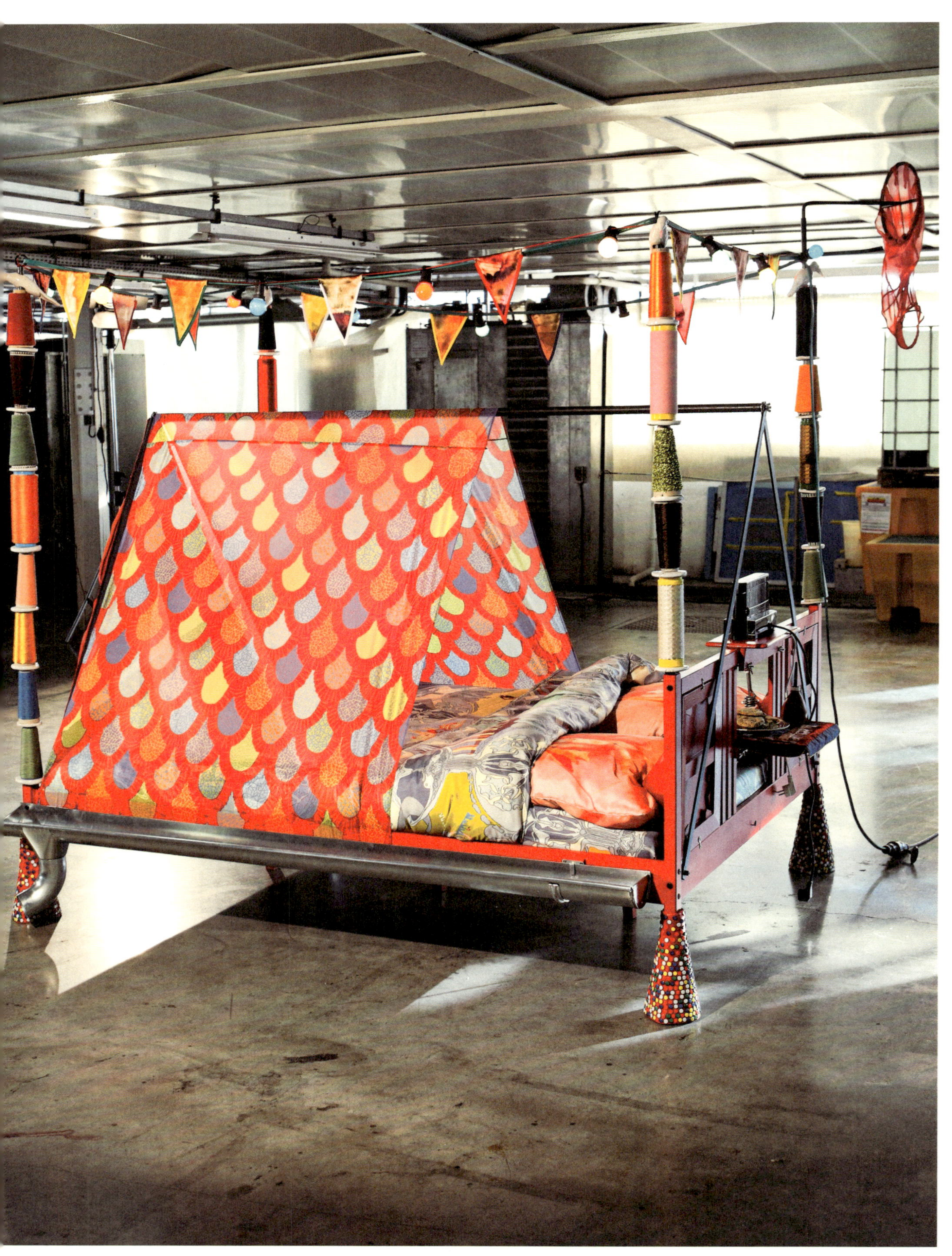

Nuit de noces au sud (œuvre finalisée et montée dans l'atelier d'impression sur s
Wedding Night in the South (work finalised and assembled in the silk printing worksh

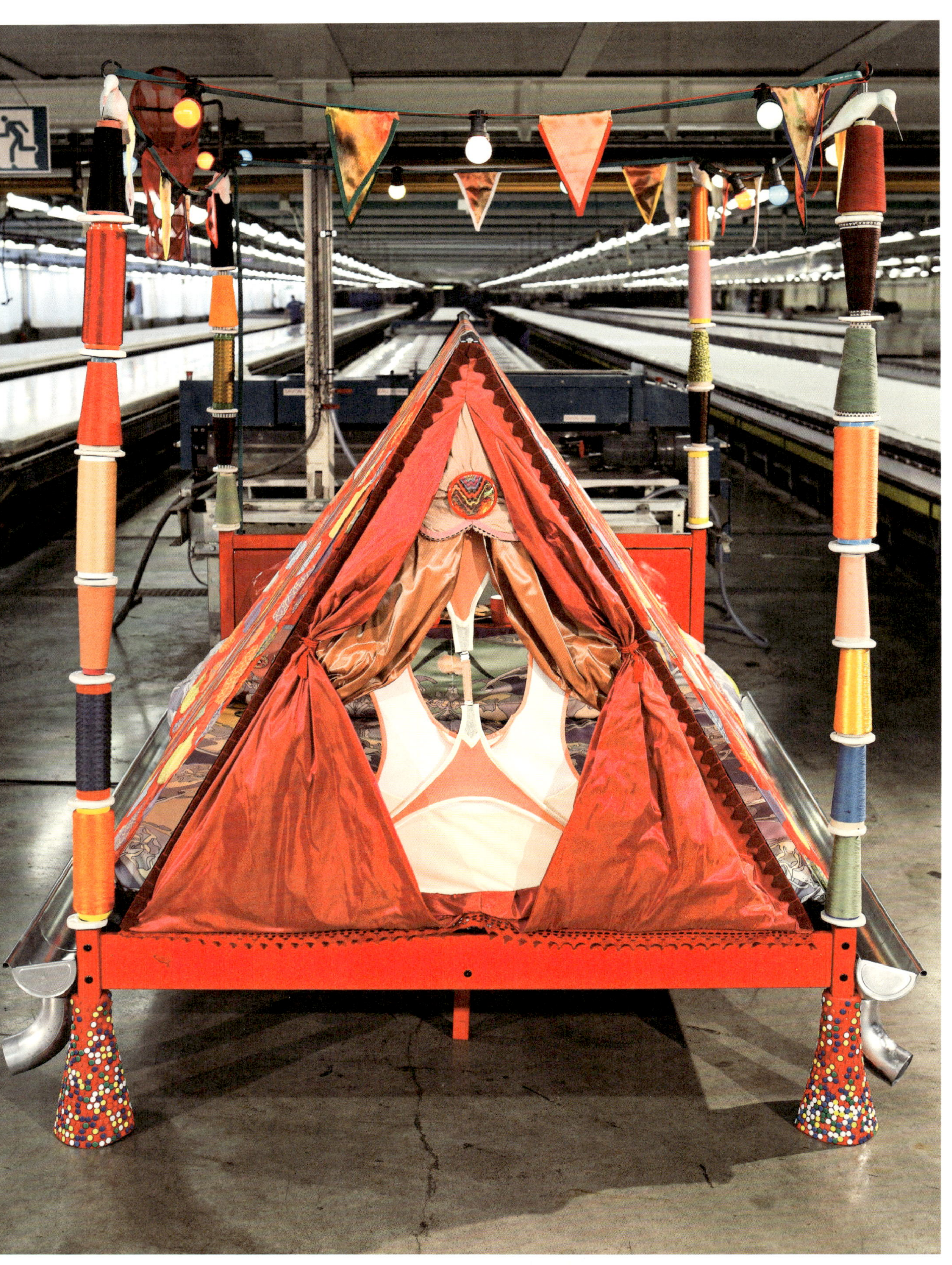

Wedding Night

Élisabeth Védrenne

It is not surprising that British artist Richard Deacon[1] chose the young and very gifted Benoît Piéron for the Hermès Foundation[2] residency programme. Deacon, who has been teaching at the École Nationale Supérieure des Beaux-Arts de Paris since 1999, describes himself as a "maker" rather than a "sculptor," and, seeing the strange, composite object dreamed up by Piéron, it is obvious that the student has learned from his teacher, an artist who usually works with already made materials, either mass-manufactured or artisanal, e.g. ceramics. The distortions and ambiguities of the "bridal bed" made by Piéron make the metamorphosis of forms and materials obvious while leaving the constructive work in evidence. The material – silk – and the techniques – dyeing, printing and stitching, as well as assembling, layering, gluing, riveting, etc. – structure his work while retaining the signs of their origins. This work is a tremendous illustration of what the Foundation is all about: immersing young artists in skills that have become rare – in this instance, silk production by the Holding Textile Hermès[3] – as well as inspiring them just by exposing them to daily activities there.

All kinds of questions pop into one's mind when looking at this mysterious raft, a kind of strange toy that looks like a four-poster bed or lavish tent. Is it a piece of furniture, an object, a cabin? A ritual object like an ex-voto, a prayer, a totem? A fairytale bed, a fantastical object worthy of the sensitive princess, she of the pea, whose fine skin could not bear the slightest fold, and who would have been overcome with ecstasy by all this silky profusion? A bed for all purposes, from a pre-doze read to breakfast toast? A temporary bivouac? A bed for erotic dalliance as in Watteau's *Voyage to Cythera?* A festive bed for masquerades and charades? A bed and shelter that hides and protects its inhabitant with scales imitating peacock feathers?

1. The four "mentors" are Susanna Fritscher, Giuseppe Penone, Emmanuel Saulnier and Richard Deacon. They were chosen for their qualities as teachers, their experience working with materials and their excellence as artists.

2. Along with Elisabeth S. Clark at the Maroquinerie de Sayat, Simon Boudvin at the Maroquinerie des Ardennes and Olivier Sévère at the Cristalleries de Saint-Louis, Benoît Piéron participated in the first year of the Fondation d'entreprise Hermès artists-in-residence programme in 2010. The programme gives each year four visual artists the opportunity to produce a work of art receiving exceptional artisanal know-how and using materials from the Hermès workshops.
An exhibition of their work is planned for 2013.

3. The Holding Textile Hermès is dedicated to the manufacture of silk and other textiles, and covers every activity from weaving to printing.

Benoît Piéron revelled in the process of choosing his silk, a twill and a chiffon, then projected his motifs onto them. Some pieces he made into a kind of tent, others into patchwork or a quilt, pillowcases and sheets. The profusion of silks in the bright colours of life and fire is in itself an invitation to embark on a voluptuous journey into a true "house of fabrics". Only afterwards do we see that the posts of the bed are made of piles of silk spools, making us think of the Fates, of Penelope, of traditional women weavers, of love. We see the pennants forming the canopy over the bed, a foretaste of the stars; we imagine a seventh heaven, festivity, joy. We come closer, we touch the tent's fabric: yes, it is coated[4] and rainproof. Welcoming. But from here we see that its appearance has changed subtly, imperceptibly. Everything is ready for the most delicious dream, and yet it slowly starts to change appearance, as if we were passing through the looking glass.

4. Silk is coated in order to give it a degree of impermeability.

Behind the sweet, sunny, succulent colours of a bestiary, we make out motifs that are surprisingly raw: entangled bones, skulls, graphic female genitalia,[5] insect limbs, etc. Then we spot curious, sentinel-like birds watching the whole thing, their fearsome pointed beaks fashioned from hospital needles. We wonder at these strange gutters that, from a distance, seem to frame the bed but that, when seen up close, turn out to be squeezing it like channels for evacuating blood.

5. The two pillows reproduce the multiple gradations of an old encyclopaedia plate showing the female genitalia.

In this bed in which you are supposed to be cared for, you are also brutalised. The atmosphere is constantly shifting, flirting with a darker magic, injecting just the right dose of fear. A dream becoming a nightmare? A spider-like bed attracting its prey, a trap-bed, a prison-bed, a mendacious couch? As in fairytales, the violence is just below the surface; it seeps from the motifs, from the flaccid mauve irises, the clitoris buds, the kneecaps and intertwinings, the triangle at the top of the thighs, the fabric-eating mites, the beetles and rosettes. Shadows and conflicts lurk behind idyllic impressions. These morbid sexual and religious allusions evoke a dark Romanticism bound up with more Gothic visions,[6] an ode to strangeness and transience, to doubles, to the two sides of the coin. This cosmogonic bed praises light as much as it does darkness, in an installation worthy of certain cabinets of curiosities. Is the blood of life being metamorphosed into vampire's blood, into disturbing menses, into suffering? The cathartic bed, like an open body, is invaginated like a glove. The bed of the joyous unconscious glimpsed at first turns into the psychic bed of disturbance. The beholder is at a loss. The gaze loses its grip. The guiding thread of this

6. Benoît Piéron's richly symbolic drawings appear on a quilt which features inside the structure. The motif is taken from an Art Nouveau fabric found in the Manufacture archives.

work done in residence by Piéron is indeed a "story of the drama of the consummation of marriage".

Piéron dreamed up this multifaceted object while literally "camping" on the site where Hermès silk scarves are made, where he was provided with all the access he needed to explore this huge place. He was able to experiment with countless skills and techniques, then make his choice of forms, materials and colours. He was also lucky enough to be able to move into a temporary studio at the facility at Pierre-Bénite,[7] near Lyon, where the silk is made. Like a snail, he withdrew into his shell, summing up and laughing amidst all this new knowledge. During the three full months he spent there, this impromptu, temporary studio became a place full of life, for talking with craftspeople, taking coffee breaks and sheltering from bad weather; it became his bungalow or *isbah* when he was snowed in. Piéron brought a ready sense of humour to the experience. Being on site meant that he was able to observe the machines at rest overnight, to let his thoughts wander, inspired by the prints, and to soak up the solitary tranquillity. Picture this lanky creature of the night, dressed in the traditional worker's overalls – "very well cut," he remarked – the better to fit in with the others, striding through the Ateliers AS[8] in his safety shoes or meditating and marvelling on the drawings pulled out of the archives at Bucol[9], to which he also had access, gobsmacked by the astonishing anatomical plates and photographs of botanical architecture by the German Karl Blossfeld. The archives were a favourite spot. Elsewhere, he marvelled at the oven-like heat of the rooms where they compose the colours "that make your skin soft"! He found the sensuality of the area where they make the colours compelling, even if he did not work there. He was impressed by the skeins of silk from Brazil, the huge spools and the spinning looms. He conversed with the engravers, the engineers, the people in the printing and washing workshops,[10] and the colourists. The constraints imposed by the huge scale of the site, the time limits and his own experience all became immaterial thanks to the efficiency of Kamel Amadou, his contact person and guide, a liaison between all the different sectors who introduced him to everyone, helped him gain access, and even brought him coffee in his bivouac. Highly organised, Piéron made sure he was on the right wavelength. He stresses the importance of one young woman, Charlotte Béal, an expert pattern maker who taught him all there is to know about folds and pleats.

After this initiation, the bed was built with strips and tatters of silken memories, sensations and borrowed tools. This "bridal bed" is an alcove within

7. The artist asked to install his studio – a small prefab three-room house – in the Manufacture's car park.

8. Les Ateliers AS is a company within the Holding Textile Hermès that specialises in making colours, colouring motifs and printing using the *cadre Lyonnais* method. It was founded in 1937.

9. Another entity in the Holding Textile Hermès, Bucol is a silk house active in Lyon since 1920. It is renowned for its archives and for collections that are even older than the archives.

10. Benoît Piéron has also worked with SIEGL, another company in the manufacturing division.

a bedroom in which Piéron has created the décor necessary for the unfolding of what can be understood as a drama. It is an eminently theatrical stage for the ritual of deflowering. References to this rite of passage can be found in a whole range of civilisations and periods: the importance of fabric, the bloodstained sheet displayed in public, various fluids, pain and pleasure, life and death – in short, a cosmogonic bed with mystical and anthropological overtones. Man tears the fabric inside the young virgin. There is mystery. Something sacred. Piéron silently stages a rite of loss. But the wedding bed is also the cradle of all creation, the bed of procreation, of birthing in its broadest sense. Piéron no doubt alludes to this when he decorates the head of the bed with two big maternal breasts, painted red, just above the two pillows, or when he plays with the word "milk": underneath the pillows he hid necklaces of "milk teeth",[11] which can also, if necessary, be transformed into fearsome jaws. There is always a hidden defensive function to these objects. Following the same semantic play, the *blancs corbeaux* (white crows) are also *corps beaux blancs* (handsome white bodies). The ambiguous carrion eaters, usually black, are "perched" here "on the tree of knowledge". Do they replace the white doves or the Holy Ghost? And might not the artist Benoît Piéron see himself as a bit of a shaman?
After bivouacking in Lyon, Piéron was awarded a Casa de Velázquez grant and set off on a path that took him all the way to Spain. The last we heard is that he was stopping over in Barcelona to learn the art of assembling *azulejos*.

11. Under the pillow is a set of teeth made with ceramic catches collected during a visit to a silk weaving workshop. They are mounted on a horseshoe-shaped piece of metal.

Une publication/Published by
Actes Sud/Fondation d'entreprise Hermès

FONDATION D'ENTREPRISE HERMÈS
Président/President : Pierre-Alexis Dumas
Directrice/Director : Catherine Tsékénis
Responsable éditorial/Editorial manager : Frédéric Hubin
Chef de projet résidences/Head of Project : Manon Renonciat-Laurent

ACTES SUD
Conception graphique/Graphic design : Raphaëlle Pinoncély
Correction/Copy editor : Corinne Ghibaudo, Lauranne Valette (français), Heidi Hellison (anglais)
Traduction/Translation : Charles Penwarden
Fabrication/Production : Géraldine Lay

Texte/Text : Élisabeth Védrenne
Légendes du portfolio/portfolio's captions : Benoît Piéron
Photographies/Photographs : © Tadzio, 2011

Le DVD qui accompagne cet ouvrage vous est offert.
Il présente un film réalisé par Béatrice Vernhes,
production exécutive No One, Jean-Paul Boucheny.

The complimentary DVD accompanying this book
presents a film directed by Béatrice Vernhes and produced
by Jean-Paul Boucheny (No One Productions).

La Fondation d'entreprise Hermès remercie Benoît Piéron et son parrain Richard Deacon ainsi que les personnes ayant facilité le bon déroulement de la résidence : Patrick Bonnefond, directeur général de la Holding Textile Hermès, Valérie Crand, directeur général adjoint en charge des Ressources humaines, Thierry Lanier, directeur, Dominique Faijan, directeur des Ateliers AS, et toutes leurs équipes.

The Fondation d'entreprise Hermès would like to thank Benoît Piéron, his mentor Richard Deacon and everyone who contributed to the smooth running of the residency: Patrick Bonnefond, General Manager of the Holding Textile Hermès, Valérie Crand, Vice General Manager in charge of Human Resources, Thierry Lanier, Plant Director, Dominique Faijan, Plant Director of Ateliers AS, and all their teams.

Ouvrage reproduit et achevé d'imprimer en août 2012
par l'imprimerie EBS à Vérone
pour le compte des éditions Actes Sud
Le Méjan, place Nina-Berberova, 13200 Arles
Ce livre ne peut être vendu séparément.

Dépôt légal
1re édition : octobre 2012
ISBN 978-2-330-00206-0

www.actes-sud.fr
www.fondationdentreprisehermes.org

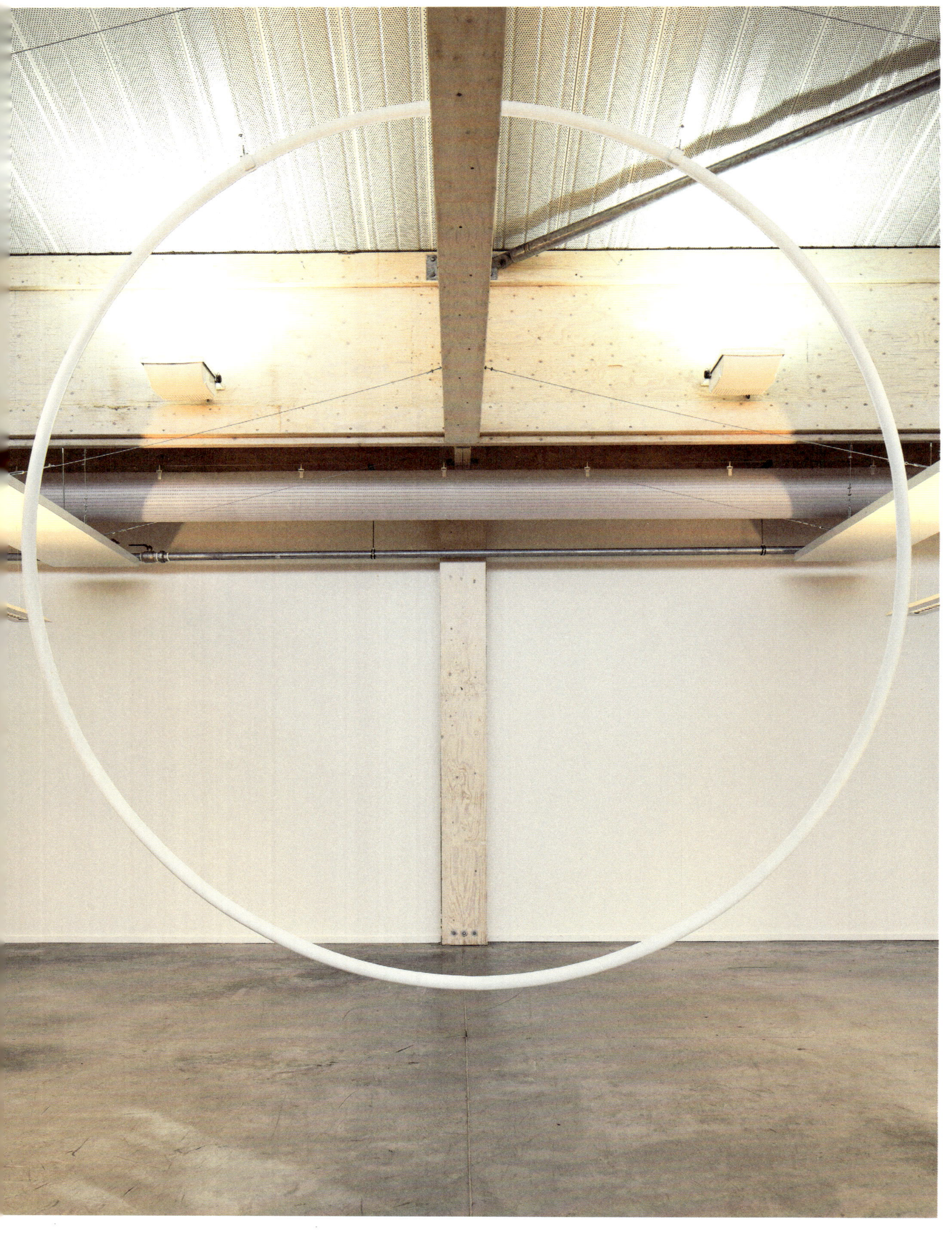

Cahier de résidence

Elisabeth S. Clark

à la Maroquinerie de Sayat

sous le parrainage de Susanna Fritscher

ACTES SUD | FONDATION D'ENTREPRISE HERMÈS

Page d'ouverture : Une simple ligne se trace dans l'espace. Fine et lumineuse. Discrète mais pointu
First page: A simple line is drawn in space. Elegant and luminous. Discreet but considere

Sculpter la durée, chorégraphier les techniques, dessiner l'espace

Clément Dirié

Dans les ateliers de la Maroquinerie de Sayat, un cercle blanc dessine l'espace, à la fois motif géométrique, structure architecturale et forme en suspension. En nous approchant, nous comprenons qu'il est composé de deux arcs de cuir, matière à laquelle ce lieu est dédié. En le touchant, la sensation d'amplitude se double d'une impression d'intimité, adapté qu'il est aux dimensions de nos mains. En tournant autour, il fournit un point de vue inédit sur ces ateliers dont il constitue un saisissant résumé. En effet, conçue par Elisabeth S. Clark lors de sa résidence en 2010 à la Maroquinerie de Sayat[1], cette œuvre a conclu son immersion au sein d'un univers de patience et de dextérité. À la fois clos sur lui-même et ouvert sur son contexte d'exposition, ce cercle – intitulé *À travers* – se révèle être son interprétation personnelle d'une matière et du savoir-faire qui lui est associé.
Dans le cadre des Résidences d'artistes de la Fondation d'entreprise Hermès[2], l'expérience d'Elisabeth S. Clark a revêtu un aspect singulier – un "challenge" – puisque sa pratique prend habituellement la forme de processus dématérialisés au sein desquels le langage, le son et la mise en scène du temps tiennent une place particulière. Des processus où prime la relation à l'autre et dont résultent souvent une action éphémère ou une représentation unique. Ainsi, pour les *Book Concerto In One Act* (2008-2011), elle dirige un orchestre de performeurs lisant tous en même temps une page différente d'un livre identique, devenu partition et instrument. Avec ces lectures collectives, elle réalise des "sculptures" éphémères, donnant une forme concrète et temporelle à un assemblage de gestes chorégraphiés. *À travers* est également une forme concrète associant l'ensemble des gestes accomplis par l'artiste pour créer une nouvelle forme – cette fois, un nouvel objet : ce cercle tour à tour présent et absent, charnel et aérien.

Proposée par l'artiste Susanna Fritscher, marraine de sa résidence, pour "ses qualités sensibles et son exigence dans la mise en œuvre de ses projets",

1. Situé en Auvergne, dans la région de Clermont-Ferrand, le site de production de Sayat fut fondé en 1945 par la Maroquinerie Bohat puis acquis par Hermès en 1997.

2. Avec Simon Boudvin à la Maroquinerie des Ardennes, Benoît Piéron à la Holding Textile Hermès et Olivier Sévère aux Cristalleries de Saint-Louis, Elisabeth S. Clark participe en 2010 à la première édition des Résidences d'artistes de la Fondation d'entreprise Hermès. Le programme a pour ambition de permettre chaque année à quatre jeunes plasticiens de produire une œuvre en bénéficiant de savoir-faire artisanaux d'exception, et en utilisant les matériaux des ateliers de la maison Hermès. Une exposition retraçant les premières résidences est prévue en 2013.

Elisabeth S. Clark a porté un regard attentif aux objets produits à la Maroquinerie comme à leurs processus de fabrication. Dans sa compréhension du métier des artisans, leurs différents gestes l'ont fascinée. Rapidement, elle les a assimilés à une chorégraphie, notamment ce mouvement circulaire des bras nécessaire à la couture du point sellier. "Les artisans aussi, dans leurs mouvements, dansent. Cela m'a fait penser à des acrobates ou des funambules[3]." S'intéressant aux gestes, elle a également étudié les plans des sacs, leurs anses, leurs courbes et leurs poignées ("des arcs sculptés à la main"), qu'elle envisage comme les traces, les négatifs de ces mouvements.

De cet intérêt immédiat pour ces gestes est née l'envie d'y recourir, avec un regard évidemment personnel, afin de concevoir un hapax[4]. "Je cherchais à faire apparaître l'importance du travail de la main et de son mouvement. [...] Je souhaitais aborder ce sujet tout en m'éloignant d'un «objet» même, d'un accessoire, que l'on «porte». Ironiquement, l'œuvre devient une sorte de porte. Ou peut-être une lentille. Et à travers, quelque chose se passe. Une scène. Mais les dimensions du cercle ont néanmoins un rapport précis avec cette question de la main, de la peau – et même du bras. L'œuvre embrasse l'activité et le travail de l'atelier mais la main peut également venir faire le tour de la ligne sculptée de l'œuvre – puisque cette trace de cuir n'est pas plus épaisse qu'une barre de ballet[5]." *À travers* réussit donc cette gageure d'être à la fois un objet – un cercle composé de deux arcs – et une situation – un cadre pour le regard –, une forme tactile et une structure poétique en lévitation. Un rideau de scène invisible. Cette alliance des contraires se retrouve dans sa perception du travail des artisans : "Je tiens à souligner cette exigence de corps, cette dextérité maîtrisée par les artisans. Le travail du cuir est extrêmement minutieux, délicat, précis mais également très physique. Il exige un vrai équilibre." Elle ajoute même qu'elle fut surprise, au moment de s'initier aux techniques du cuir, par le fait que "les artisans rendent le travail léger" bien qu'il soit exigeant et rigoureux. Dès lors, la légèreté fut l'un des fils conducteurs de sa résidence.

Éminemment matériel par l'emploi du cuir et de techniques précises, l'ensemble du projet est ainsi décrit par l'artiste :

Deux arcs se ferment. Une ligne s'étend
Et à travers,
Une scène présente...

3. Les citations non référencées proviennent d'un texte de l'artiste relatif à sa résidence. À ces "notes de résidence" s'ajoutent également croquis techniques et dessins "artistiques", présentés dans des boîtes reliées de toile grise à l'occasion de l'exposition organisée en janvier 2011 à la Maroquinerie.

4. Soit une forme n'apparaissant qu'une seule fois.

5. Le diamètre du bois arrondi d'*À travers* est de 5 centimètres, une mesure idéale pour la prise en main.

Comme pour *Un coup de dés jamais n'abolira le hasard* (1897) de Stéphane Mallarmé, la disposition des mots est aussi importante que leur formulation, les espaces blancs aussi essentiels que les pleins. La mise en page enrichit le sens qui la conforte. Un processus similaire est à l'œuvre dans ces arcs de cuir blanc déposés dans l'espace : c'est autant l'objet en soi que sa situation et son rapport au lieu qui intéressent l'artiste[6]. *À travers* lui permet d'ordonner le réel, de proposer une vision éphémère des ateliers – une vision tendue par la présence d'une deuxième œuvre. Intitulée *En tout point*, cette sculpture presque invisible consiste en un fil de lin ciré suspendu par deux aiguilles. À côté des deux arcs du cercle, l'artiste a ainsi conçu une autre ligne – droite – qui vient découper les ateliers dans leur hauteur. Une sculpture saillante, aux dimensions du lieu, qui relie le sol au plafond et offre un nouveau regard sur les ateliers[7]. Le funambule, à nouveau, n'est pas loin!

L'artiste indique : "Je ne crée pas des objets. Je crée des points de vue, des interrogations." *À travers* est tout à la fois un objet et un "outil visuel", une forme sculptée et un dispositif de perception de l'espace et de la durée. "Une simple ligne se trace dans l'espace. Fine et lumineuse. Discrète mais pointue. Ce n'est qu'un simple contour – une silhouette – à travers laquelle on voit les choses, les gestes, le mouvement de l'atelier. L'œuvre chasse les extrémités des quatre murs et enveloppe, entoure un grand vide au milieu. Ce vide frappe, parle, dessine, raconte."

6. Souhaitant rendre compte de son expérience dans tout l'espace investi pendant sa résidence, l'exposition d'Elisabeth S. Clark à la Maroquinerie de Sayat prenait en compte l'ensemble du lieu, selon un parcours présentant ses œuvres de l'entrée du bâtiment au fond des ateliers. Pour l'artiste, ces dernières agissaient comme des "ponctuations de l'espace et des espaces, découverts au cours d'une promenade". L'exposition devenait ainsi une "chorégraphie réfléchie, constellée de notations implicites *[footnotes]* et de subtiles indications scéniques".

7. L'œuvre était également présentée non déployée sous la forme d'un "nécessaire à couture", d'une boite transparente renfermant des bobines de fil, des boites d'aiguilles et de la cire.

Ainsi décrit par l'artiste et suspendu dans le vide tel un acrobate, *À travers* acquiert un potentiel poétique indéniable. "Tout en travaillant la matière du cuir, j'ai voulu en même temps m'éloigner de sa propre matière. La transformer. La rendre plus immatérielle." De fait, l'artiste a incorporé le cuir à son univers, y mettant en valeur des qualités propres à sa démarche : le potentiel narratif, la relation au temps et à la lumière, la production comme succession de gestes performatifs. Néanmoins, cette sensation d'apesanteur demeure la conclusion d'un processus minutieux.

Sculpté en bois exotique, consolidé par des renforts en peau de vache puis gainé de bandes en cuir de taurillon, astiqué en blanc – en blanc sur blanc –, ce cercle constitué de deux arcs mesure 4,07 mètres de diamètre pour une circonférence de 12,8 mètres. Il résulte de multiples gestes en réalisant une prouesse technique puisque sa forme et sa conception sont inédites. Chaque étape – de la préparation des cuirs au montage de la structure – a été réalisée par l'artiste, en

collaboration avec les artisans. Seule ou avec deux, huit ou quinze artisans, elle a ainsi choisi les peaux et le fil, mesuré et découpé les pièces, créé et posé les renforts, travaillé aux parures, à la couture, au griffage, à l'astiquage des cuirs, puis enfin réuni les pièces et suspendu la sculpture.

Mais ce qui pourrait sembler sèchement technique, notamment la mesure précise de tous les éléments, est devenu le moyen d'un transport poétique. En effet, les 12,8 mètres de la circonférence du cercle correspondent au diamètre d'une piste de cirque, ce diamètre étant nécessaire au galop des chevaux[8]. À cette coïncidence, avec laquelle résonnent les comparaisons relatives au funambulisme, à la danse et à la chorégraphie, s'ajoutent les recherches menées autour de la notion de cercle – l'histoire comme cycle de l'éternel retour, le cercle comme forme parfaite et naturelle. L'artiste découvre alors que le terme "cirque", issu du latin *circus*, s'apparente au grec *kyklos*, cercle. Remontant le fil jusqu'aux origines du cirque moderne, lorsque l'écuyer Philip Astley (1742-1814) présentait ses exercices équestres dans ce qu'il appelait le "cercle", soit cet espace rond dans lequel les chevaux évoluent, Elisabeth S. Clark boucle ainsi l'histoire de son propre cercle. Et rassemble, en une œuvre, ses différentes inspirations.

8. C'est aussi la longueur de l'ensemble des pièces de cuir mises bout à bout avant d'être assemblées pour fabriquer un sac Birkin en taille 30.

"Dans les ateliers, il y a quelque chose d'extraordinaire dans les objets suspendus ou reposés, quelque chose d'animé. Une énergie à la fois sérieuse mais aussi de fantaisie. L'ambiance marie rêve et rigueur – et je veux subtilement jouer avec ces deux extrêmes." Pour ce faire, au sein d'une manufacture dédiée à la fabrication des sacs Hermès mais aussi au développement de nouveaux prototypes, l'artiste a conçu une forme nouvelle, inutile mais non sans usage, aérienne mais non sans sensualité.

En découvrant *À travers*, Susanna Fritscher décrit une "proposition très ouverte, théorique", comme si Elisabeth S. Clark "avait souhaité poser une équation" au sein des ateliers. Une équation, un paysage mental à partir desquels projeter visions ludiques et fantastiques, réfléchir à l'architecture et aux savoir-faire de la Maroquinerie de Sayat. *À travers*, œuvre en cuir d'une échelle inédite, répond alors à ce quadruple geste : sculpter la durée, chorégraphier les techniques, poétiser la matière, dessiner l'espace. Dessiner l'espace, c'est également le scénographier : en faire une scène sur laquelle, pendant plusieurs mois, avec un équilibre fait de fantaisie et de précision, Elisabeth S. Clark a créé une œuvre de dialogue, une fenêtre entre la technique, l'art et la poésie.

À travers

à la Maroquinerie de Sayat

Dans un premier temps, je n'ai fait qu'observer et mémoriser soigneusement ce qui était déjà "là" : la main humaine, les peaux de bêtes les outils, les exigences, le rythme de travail, de méthodes, de corps.

To begin with, I simply observed and carefully considered what was already "there." The role of one's hands, the animal hides, the tools the dexterous exigencies, the rhythm of work, of production, of the body.

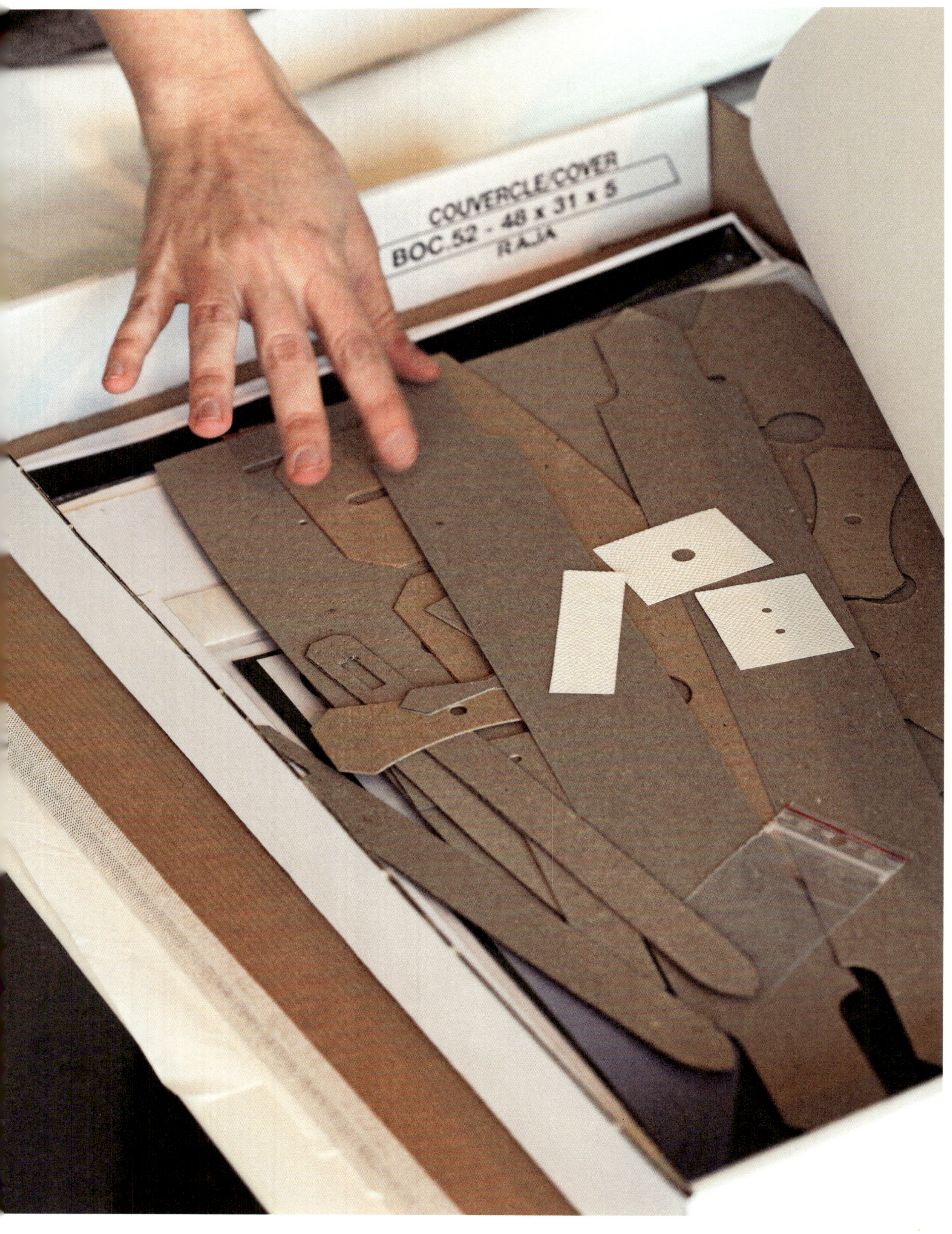
COUVERCLE/COVER
BOC.52 - 48 x 31 x 5
RAJA

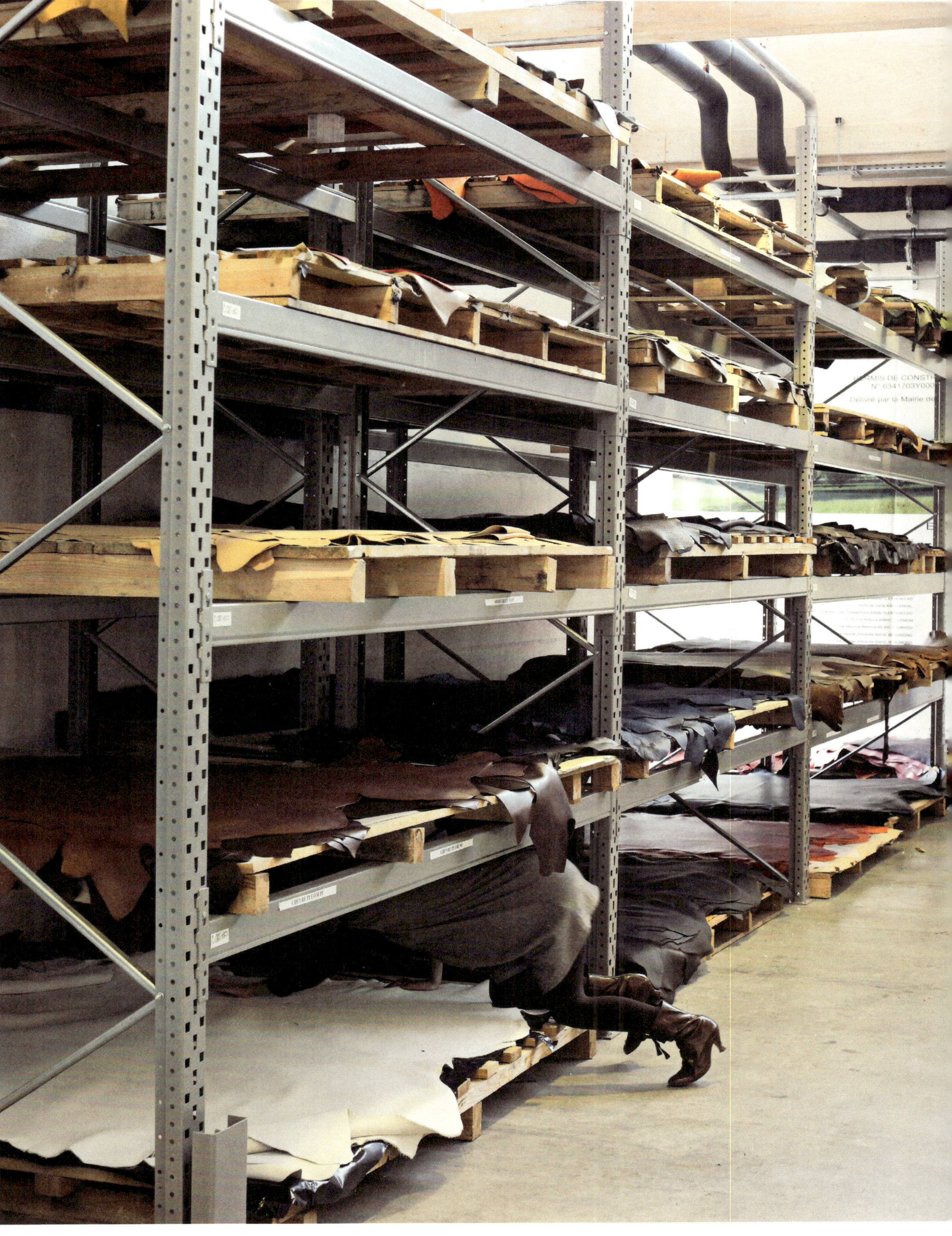

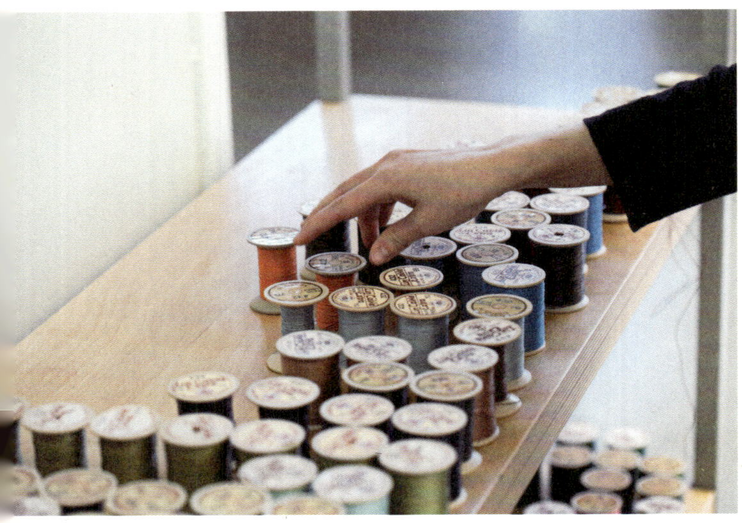

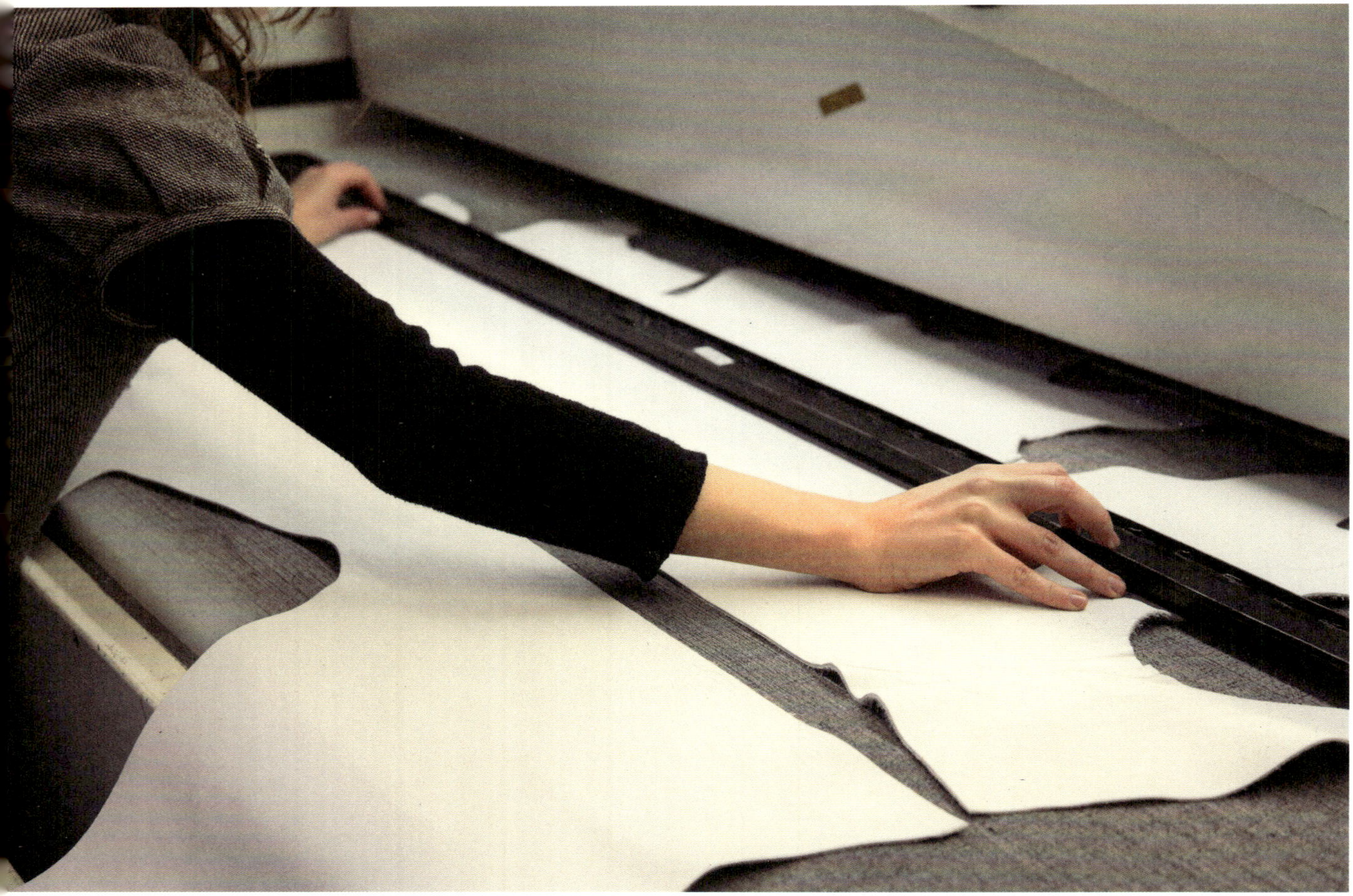

que "ingrédient" éveillait ma curiosité et éclairait le sens de la tradition, de l'histoire, du savoir-faire et l'identité
objets que je découvrais posés ou suspendus dans les ateliers.
h "ingredient" awakened a glimmer that pointed to the very core of the tradition, history, skill and identity
rained within these carefully hung or resting objects found circulating around the workshops.

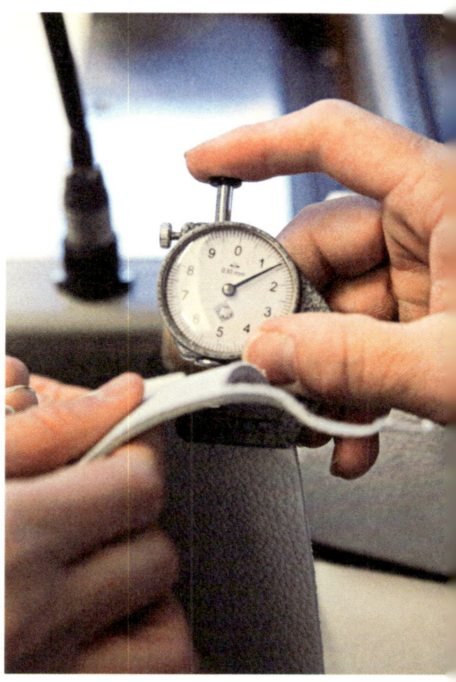

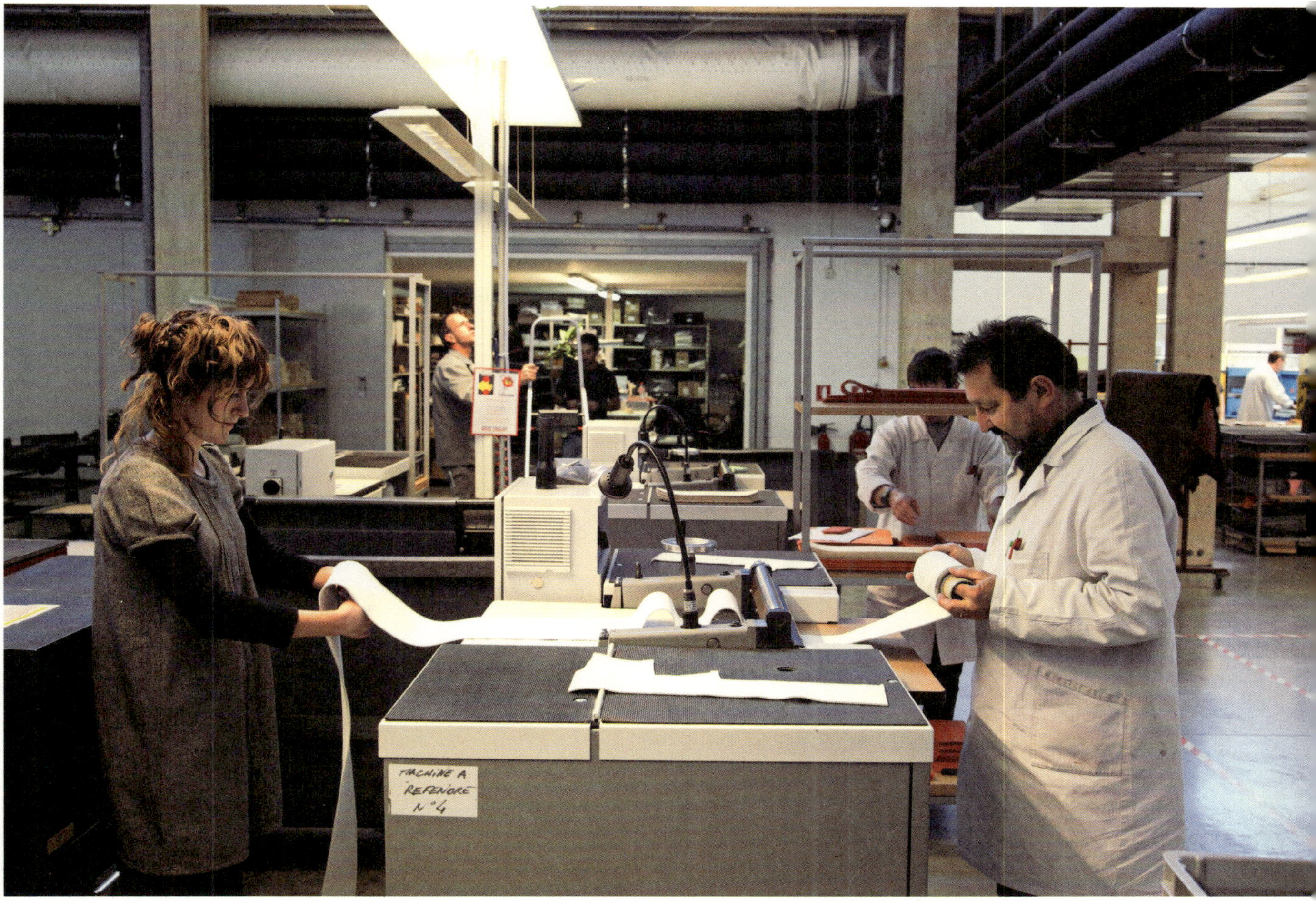

La précision et la rigueur qu'exigent les différentes préparations (premières puis avancées) m'ont toute
permis de découvrir la vivacité de cette peau. Le croisement du cuir et des formes pour faire des créations parfaitem
organisées et équilibrées demande de a technicité : refentes, parures, rajoutures, doublures, triplur

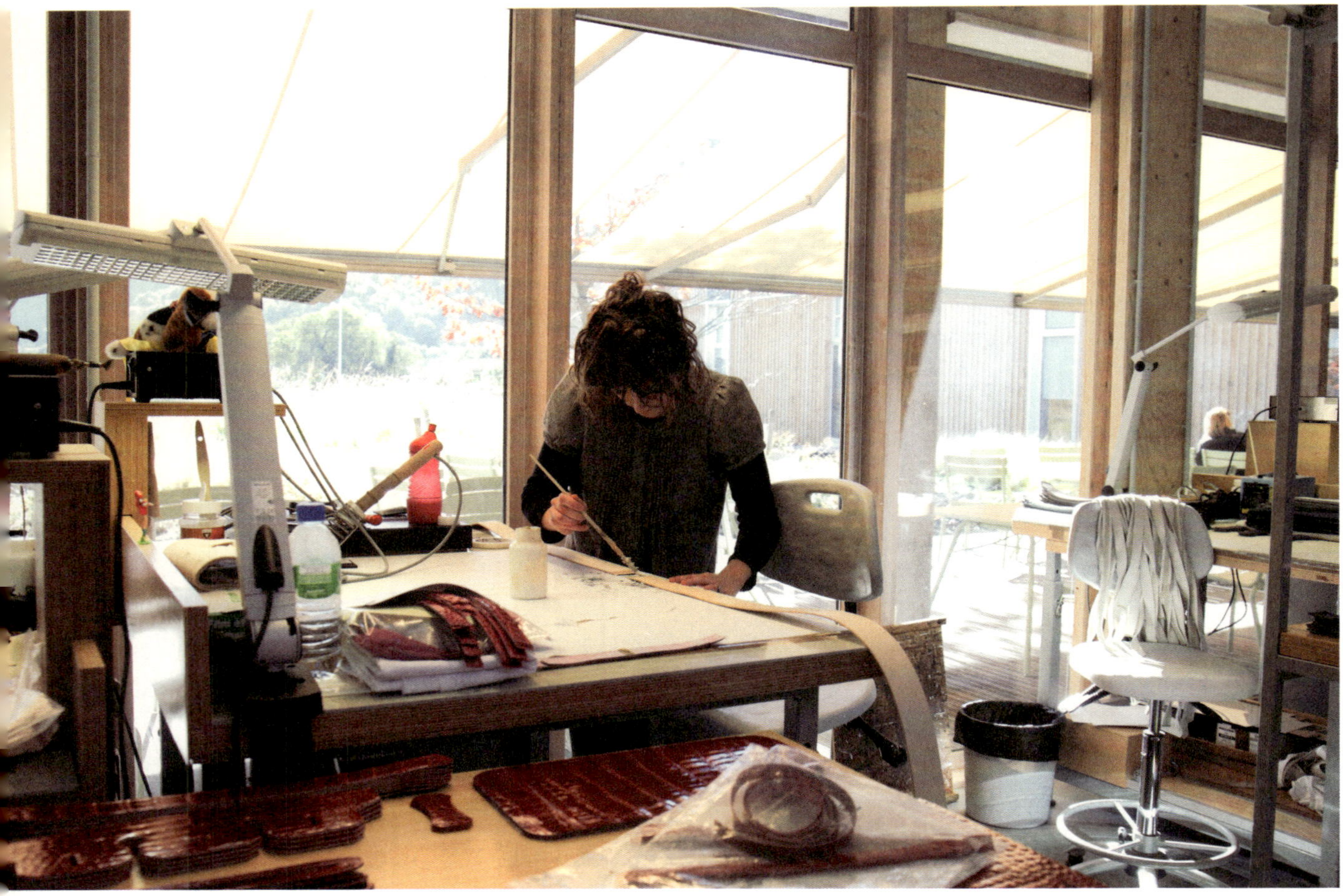

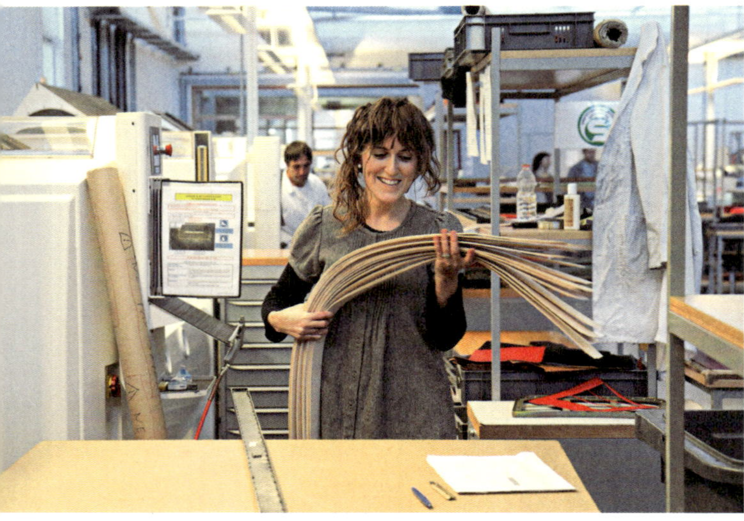

precision and rigour required of the preparatory stages also introduced me to this strangely g entity or skin." By interlacing both leathers and shapes, perfectly considered and composed creations rge from the technical precision of cutting, splicing, lining, double-lining, etc.

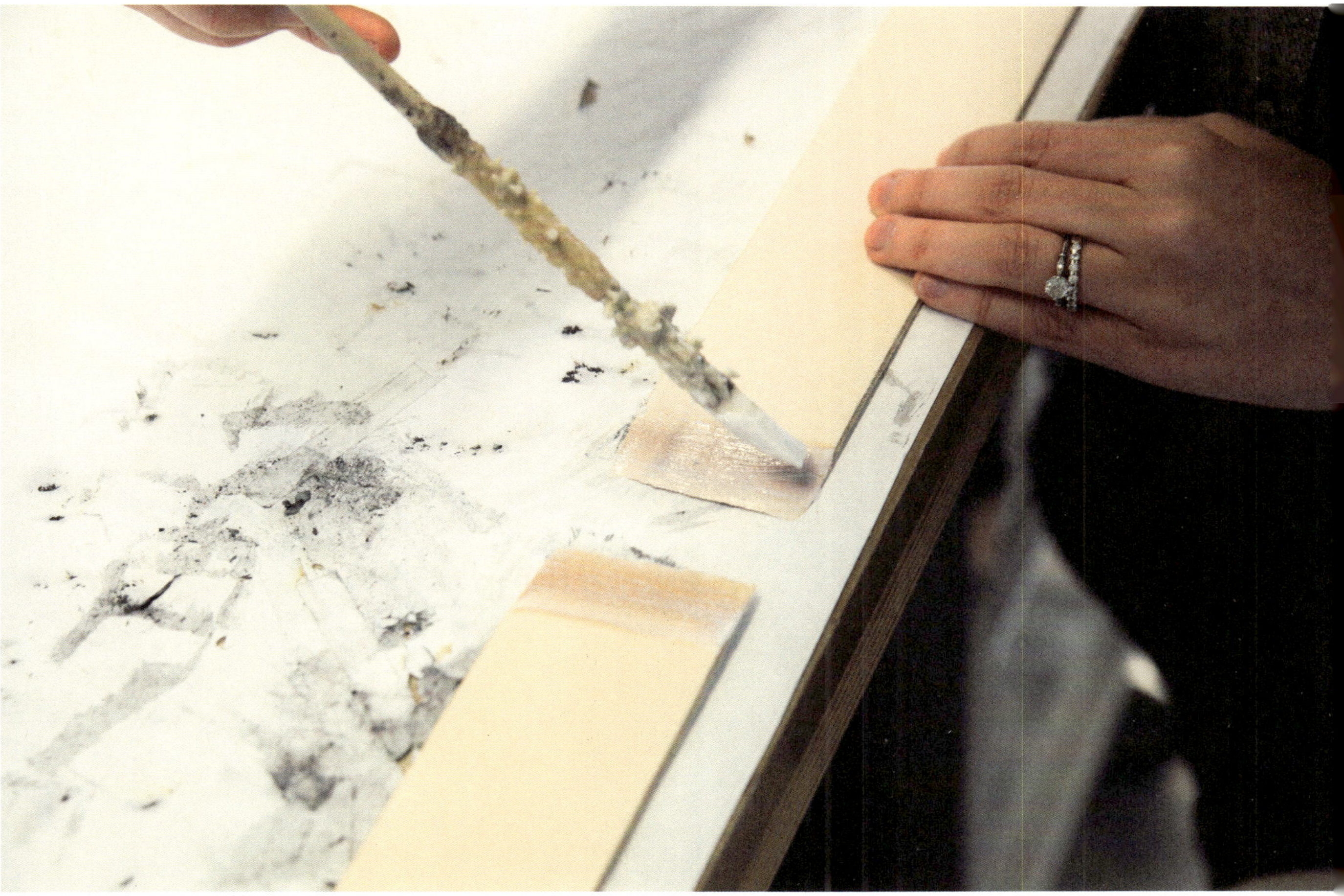

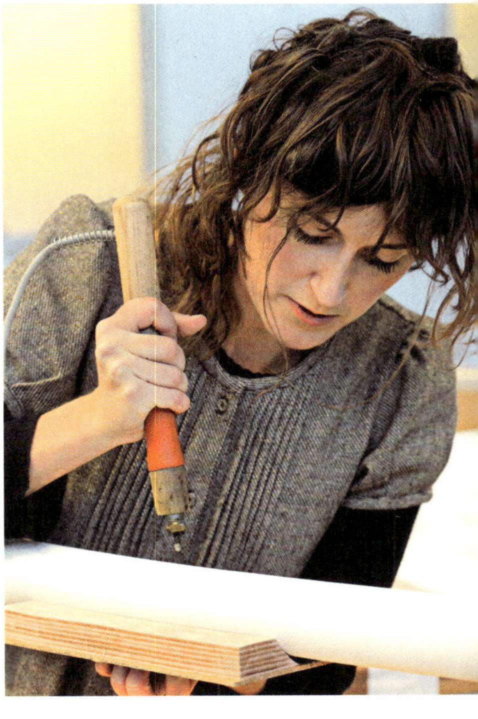

J'ai surtout cherché à sculpter la matière : des bandes de cuir de vache ont été refendues puis collées à l'intérieur des extrér
du taurillon blanc pour atteindre une forme plus harmonieuse, vivante et raffinée, tout en m'éloignant d'un simple gair

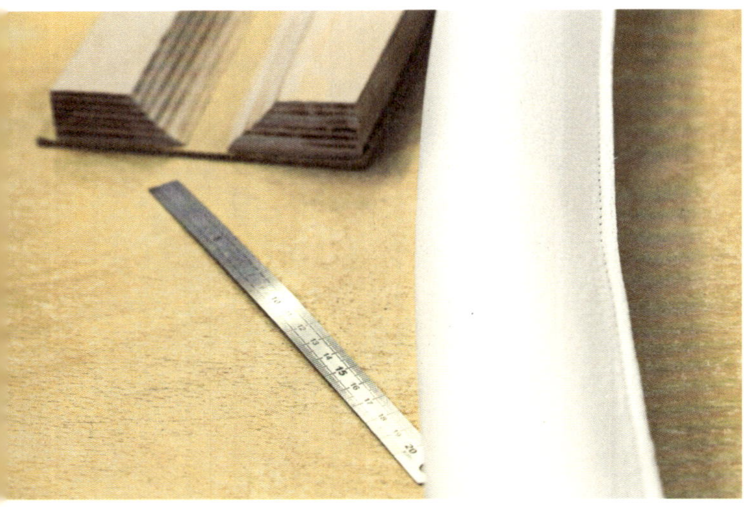

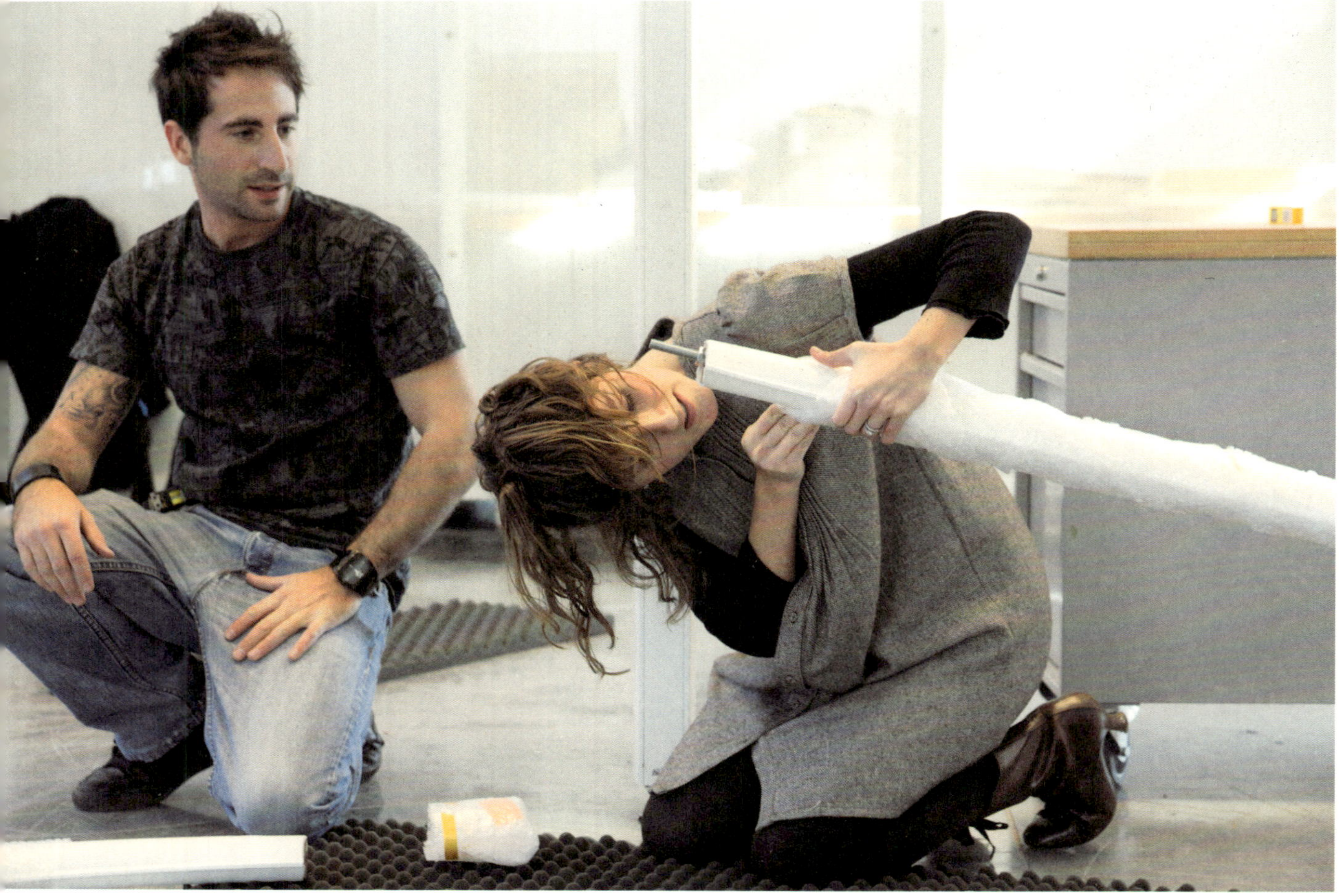

as especially interested in sculpting the material. Unlike a straightforward cladding, lengths of cow leather were trimmed, bevelled and n glued to the inner edges of the white bull-calf leather in order to attain a harmonious, defined and perfectly delineated form.

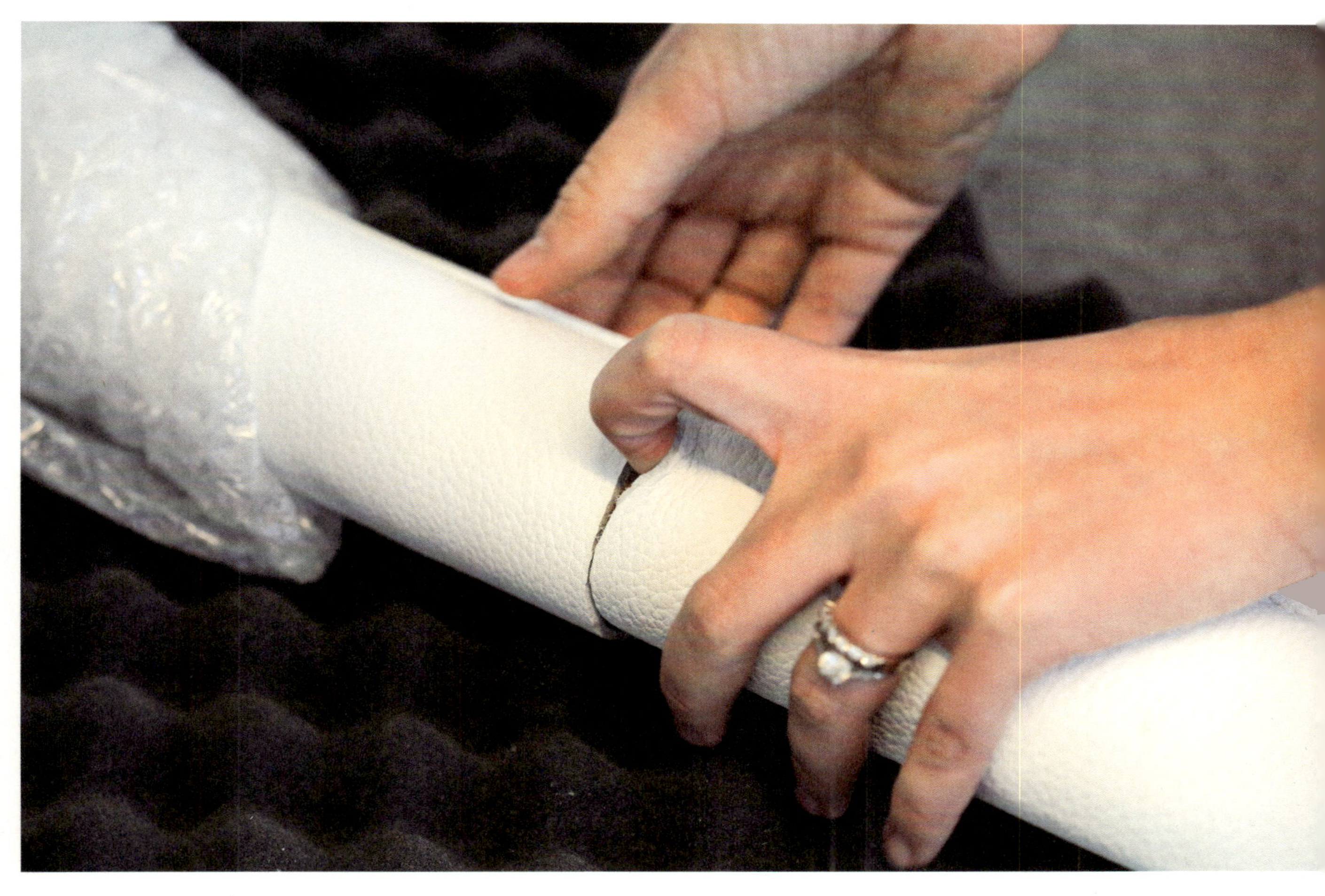

Mon tout premier jour à Sayat, un artisan m'a décrit les poignées d'un sac comme "des a
sculptés à la main". Je n'aurais jamais imaginé à ce moment-là qu'une telle forme se créerait aussi fidèlemen
vivement dans les ateliers de la maroquinerie. Ni que je sculpterais aussi bien des mouvements que des matièr
La mise en œuvre s'est organisée comme une mise en scè
Mes sculptures se sont construites à travers des moments et des trajectoires chorégraphié

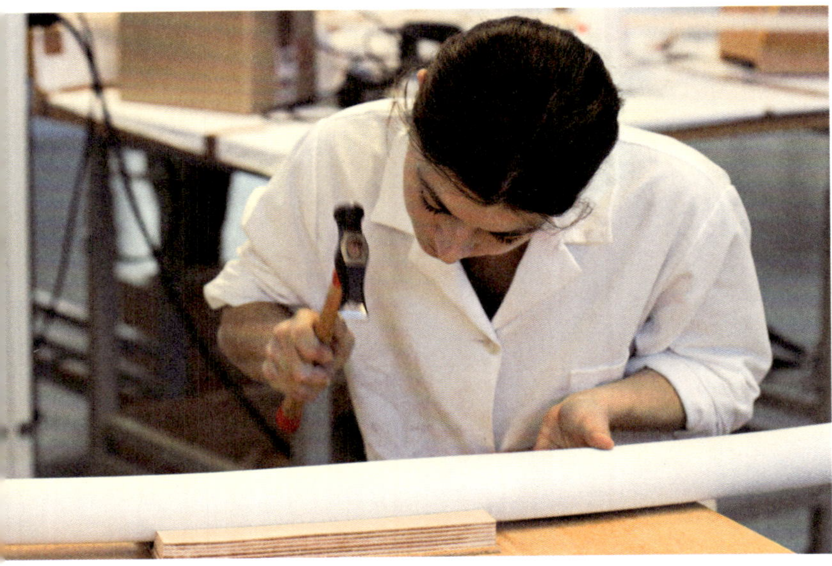

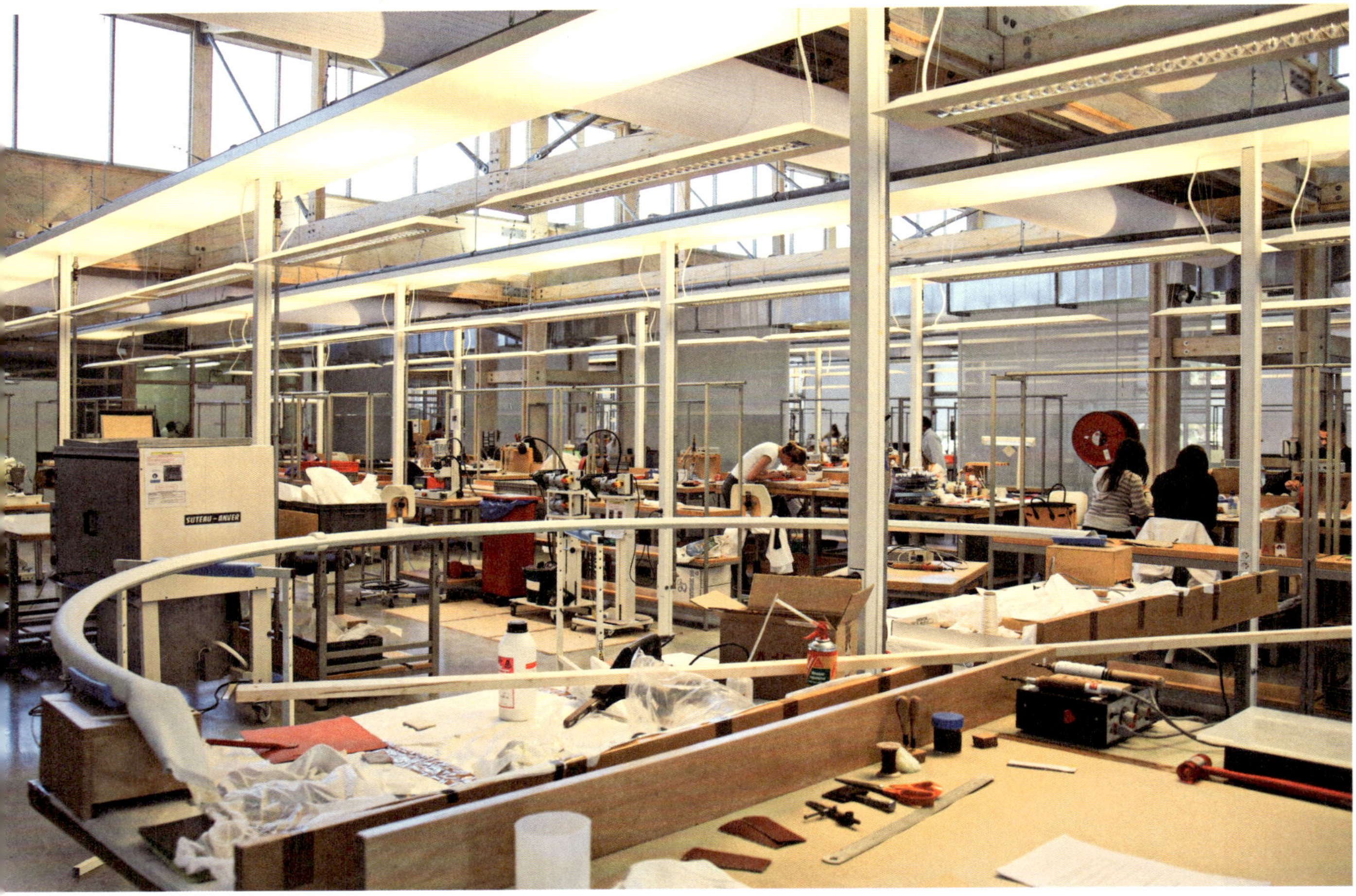

ı my very first visit to Sayat, an artisan described the handles of an Hermès bag as "hand-sculpted arcs."
ever did I imagine that such a shape would materialise so faithfully and buoyantly within the workshop. Nor that
vould "sculpt" movements as much as I would materials.
ıe creation of the work unfolded like a true "mise-en-scène," my sculptures
king shape through a series of choreographed moments, modulations and trajectories.

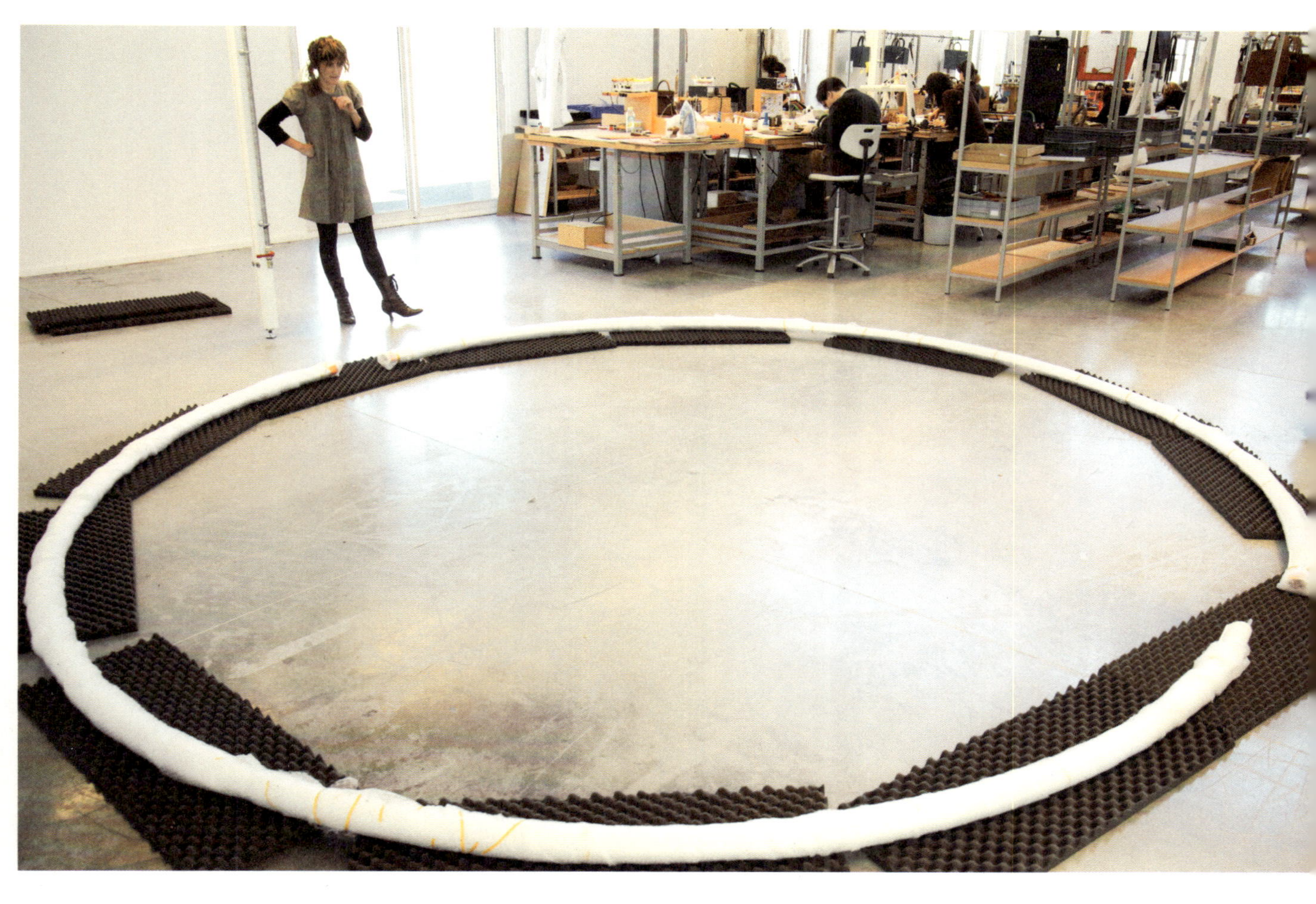

La composition d'une œuvre en deux parties fut aussi une part de ma "chorégraphi
Je souhaitais tout le temps ponctuer l'espace – tout en créant un dialogue entre mes propres gestes et ceux des artisa
The compositional decision to create a work made in two parts was an important aspect of my own "choreography". I w
specifically interested in punctuating the space, and in conjuring a dialogue between my own gestures and those of the artisa

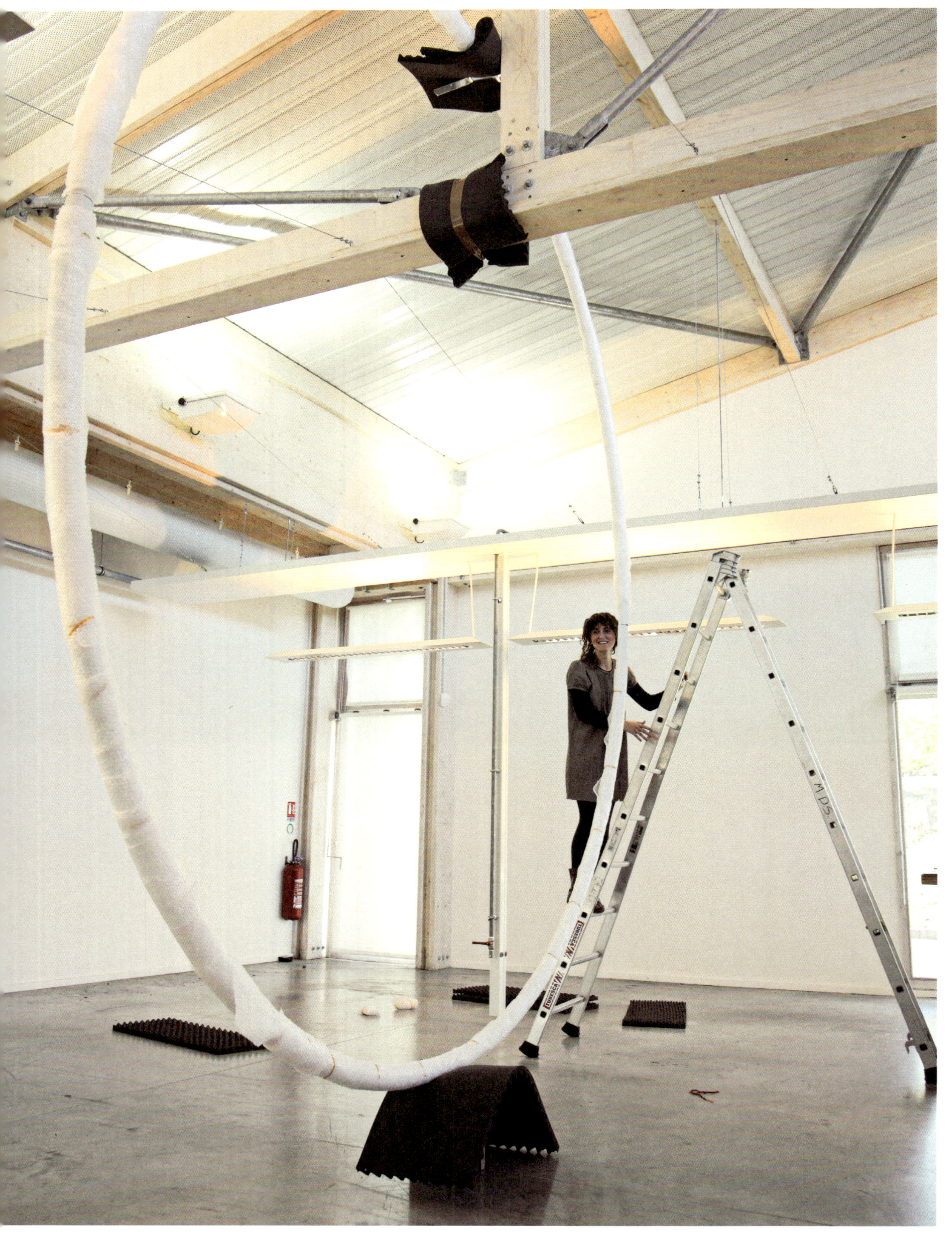

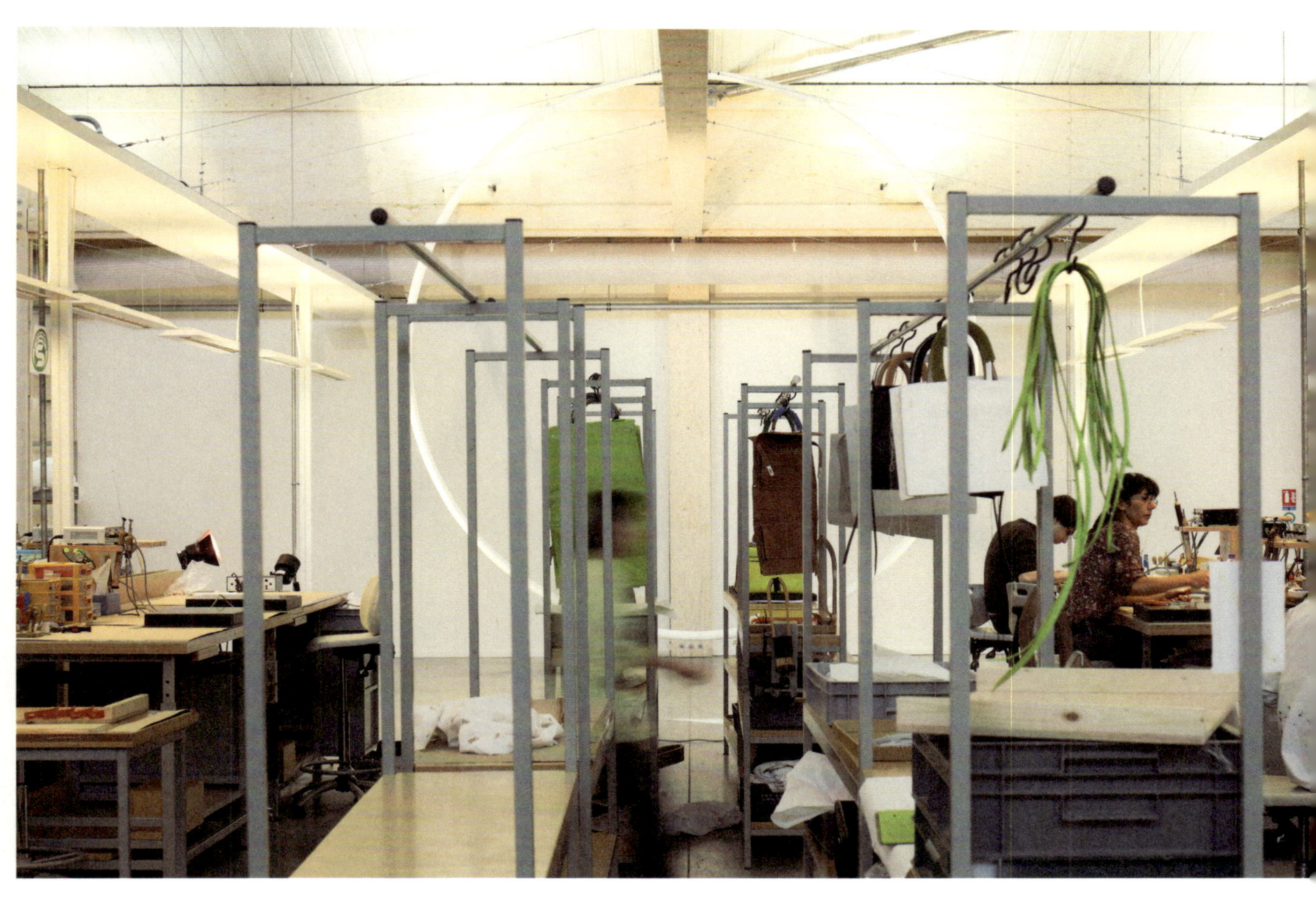

Le résultat rend compte des gestes infimes et propose un regard sur les ateli
Sa forme minimale – autant absente que présente – devient fil conduct

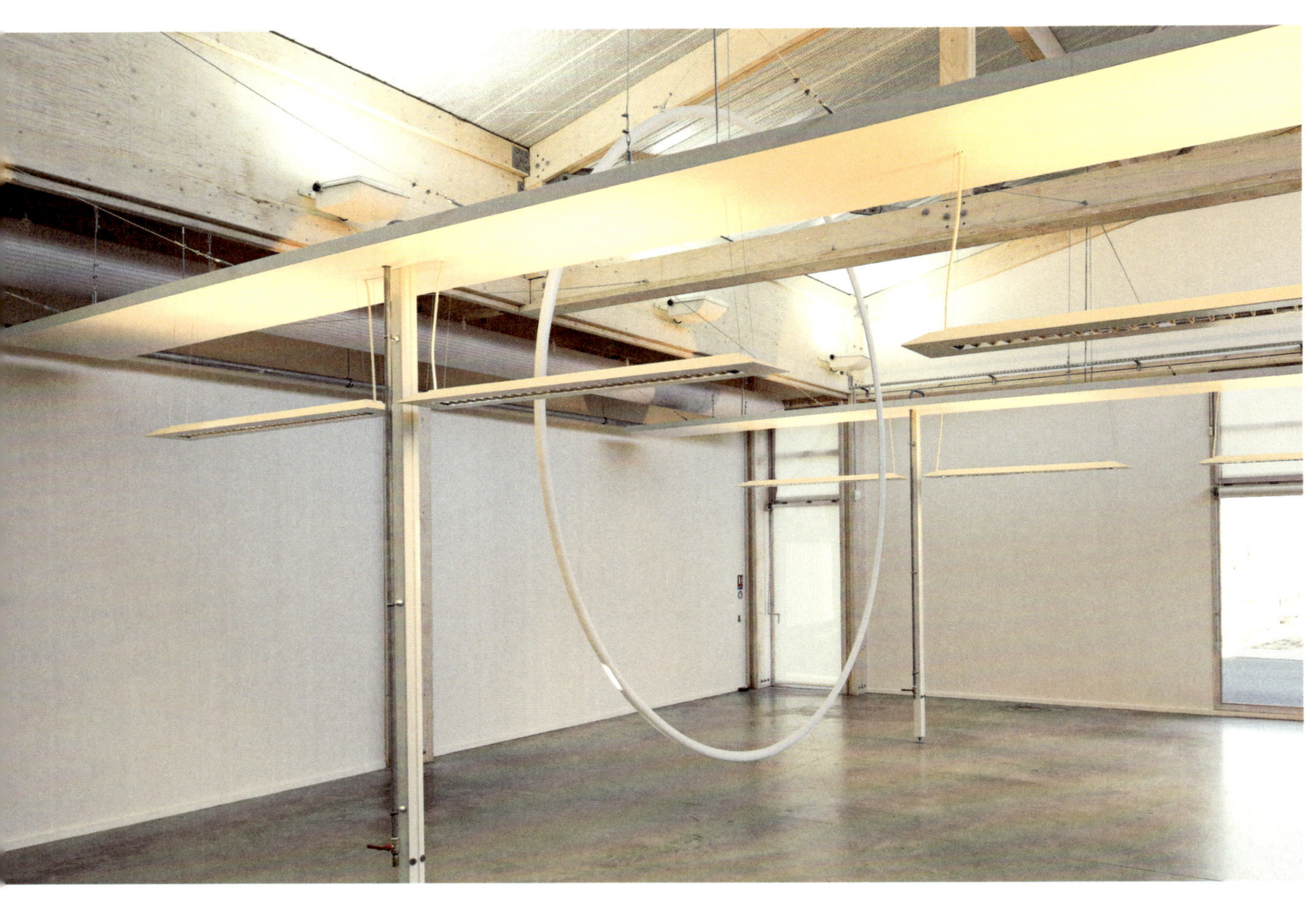

resulting works encompass these minute gestures and propose a fresh view of the workshops.
minimal traces and lines that result, as much absent as they are present, become a unifying thread.

"C'est parce que le milieu, l'air, était lui-même en mouvement que le corps pouvait ainsi jouer à suspendre l'or
normal des choses et à déployer cette immobilité de funambule, cette immobilité virtuo
"It is because the milieu, air, was itself in motion, that the body could play at suspending the normal or
of things and deploying the virtuosic immobility of a tightrope walk

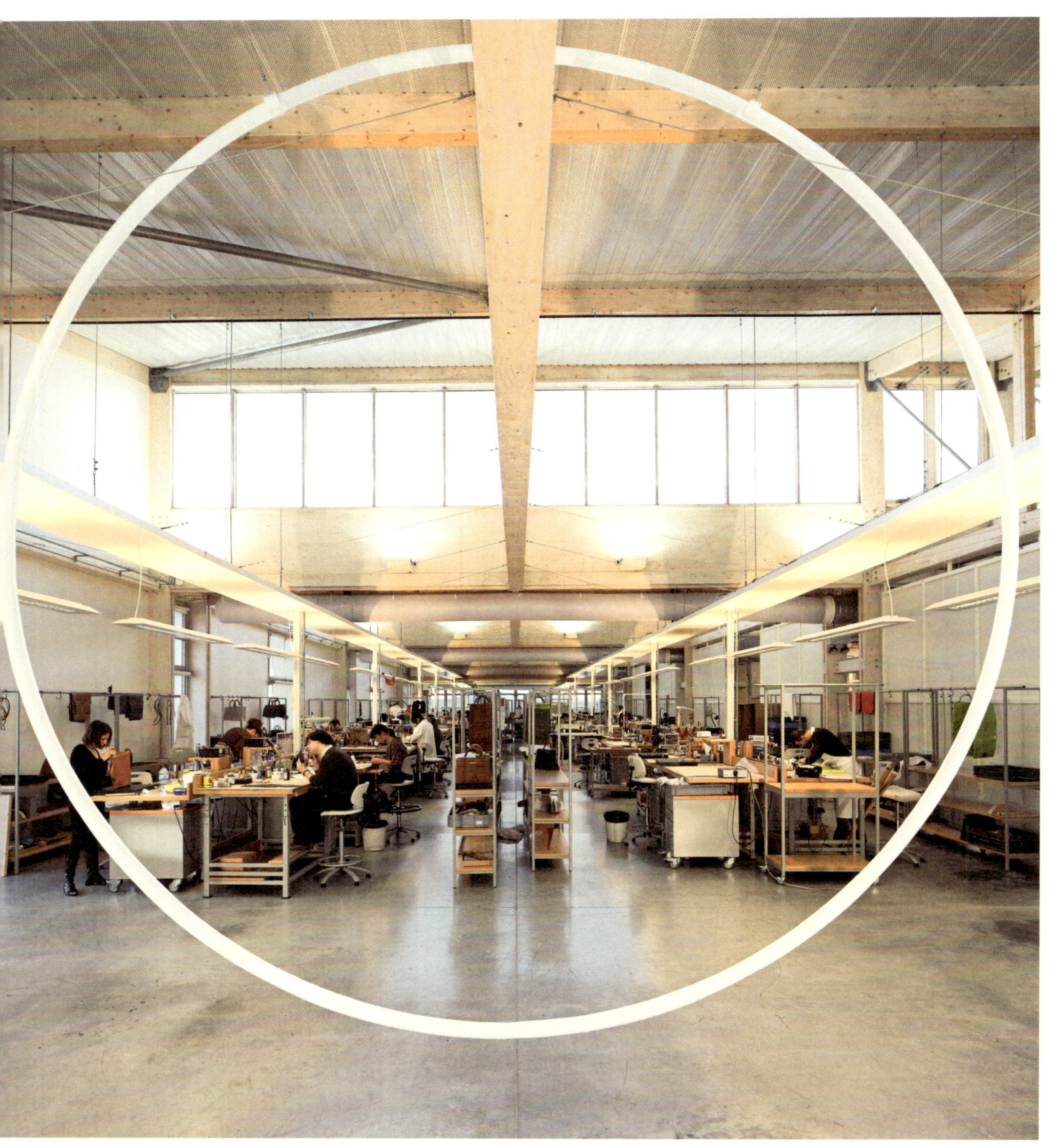

Sculpting time, choreographing techniques, defining space

Clément Dirié

In the workshops of the Maroquinerie de Sayat, a white circle delineates the space. A sculpture – at once geometrical motif, architectural structure and form in suspense. In approaching this work, you realise that it is made of two arcs, sheathed in leather, also the raw material to which this workspace is devoted. Upon touching it, it fits nicely into your hand, offering a sensation of breadth coupled with a feeling of intimacy. Moving around it, you gain a new vision of these workshops – a poignant and striking embodiment of the surrounding milieu. Conceived by Elisabeth S. Clark during her residency at the Maroquinerie de Sayat in 2010,[1] the work concluded her immersion in this world of patience and dexterity. Both singular and site-specific, this circle – entitled *À travers* – is her own personal interpretation of a fine material, an artful craft and the endless skill sets and secrets bound up within it.

Invited as artist in residence by the Hermès Foundation,[2] Elisabeth S. Clark had an experience that was both a unique and challenging, since her work usually involves dematerialised processes within which language, sound and the "sculpting" of time play a special role. Her practice, which "carefully interweaves what is already *there* to further elucidate *what is*", often results in an ephemeral action, appropriation or intervention. For example, her *Book Concerto in One Act* (2008–12) involves her conducting an orchestra whose performers each read a different page from the same book, the book becoming both the score and instrument. In the space of five minutes, a whole novel is read. From these collective readings result ephemeral "sculptures", giving a concrete, time-based form to a set of choreographed actions. *À travers* is also the embodiment of a set of concrete actions made by the artist to create a new form – on this occasion, a new object. The white circle becomes both present and absent, physical and weightless.

Recommended by the artist Susanna Fritscher, the mentor of her residency, for the "sensibility and rigour with which she implements her projects," Elisabeth S. Clark

1. Located near Clermont-Ferrand in Auvergne, the Sayat production site was founded in 1945 by the Bohat leather manufacture and acquired by Hermès in 1997.

2. Along with Simon Boudvin at the Maroquinerie des Ardennes, Benoît Piéron at the Holding Textile Hermès and Olivier Sévère at the Cristalleries de Saint-Louis, Elisabeth S. Clark participated in the first year of the Fondation d'entreprise Hermès artists-in-residence programme in 2010. The programme gives each year four visual artists the opportunity to produce a work of art receiving exceptional artisanal know-how and using materials from the Hermès workshops. An exhibition of their work is planned for 2013.

attentively studied the objects produced at Hermès' leather workshops and the way they were made. She was particularly fascinated by the artisan's agile actions and precise techniques, which she soon began to read as a kind of choreography – notably, the circular arm movement required for the saddle-stitch. "The artisans' movements were very dance-like. It reminded me of acrobats or of tightrope walkers."[3] In addition to these gestures, she also studied the surfaces of the bags and their curves and handles ("hand-sculpted arcs"), which she saw as the trace – and negative – of those movements.

From this instinctive interest in these skilled actions arose the desire to use them in a personal, instantaneous way – in order to conceive a hapax.[4] "I wanted to emphasise the importance of the work of the hand and its movement, since it plays such a crucial role in this craft... Conceptually, I wanted to consider the subject, while distancing myself from an actual 'object' – from an accessory to be 'carried' or worn. Instead, the work itself became a door, window, or perhaps a lens through which to look and to see. And through it, something takes place. A scene. But the dimensions of these arcs are also a symbolic reference to the hands, skins and even to the arms – and to this ballet of movement. The work frames the activity of the atelier, but the hand can also wrap around the sculpted line of the work, since this sculpted form is no thicker than a ballet barre."[5]
À travers succeeds in blurring the boundaries between an object (comprised of two arcs delineating a circle) and a situation (a frame for the gaze) – a tactile form and a poetic structure in levitation. An invisible stage curtain. These polarised states also inform Clark's perception of the artisans' work. "I wished to highlight the exigencies of the body – this dexterity mastered by the artisans. Leatherwork is extremely meticulous, delicate and precise, but also tremendously physical. It requires great equilibrium." She adds that she was surprised, after having learned the leather-making techniques herself, at how "effortless" the artisans make this demanding, rigorous work appear. Lightness and poise hence became one of the thematic strands throughout her residency.

The artist describes the general project accordingly:

Two arcs join. A line extends
And through it,
A scene presents…

3. Unless otherwise stated, the quotations provided by the artist are from a text she wrote about her residency. In addition to these notes, she also produced technical drawings, sketches and prints. These were displayed in boxes bound in grey canvas and presented as part of her solo exhibition at the Maroquinerie in January 2011.

4. A hapax is a form or word that occurs only once.

5. The diameter of *À travers'* sculpted wooden structure is 5 cm, an ideal proportion to grasp in one's hand.

As in Stéphane Mallarmé's poem *Un Coup de dés jamais n'abolira le hasard* (1897), the arrangement of these words becomes as important as their formulation, the empty spaces as essential as the occupied ones. The layout enriches the meaning that underpins it in turn. A similar process is at work in these white leather arcs hanging in space: the object's relation to its setting interests the artist as much as its inherent nature.[6] *À travers* enables her to capture the everyday, to offer an ephemeral vision of the workshops – a vision strengthened by the presence of a second work, *En tout point*. This almost invisible sculpture consists of a single waxed linen thread suspended by two needles. Alongside the arcs, the artist created another line, a straight one, which vertically slices the workshop. This salient sculpture, determined by the scale of the host space, links floor to ceiling and affords a new perception of the workshops.[7] Again, we are not far from the world of tightrope walking!
In the artist's words: "I do not create objects. I create points of view, questions, interrogations." *À travers* becomes as much an object as a "visual tool" – a sculpted form and a way of perceiving space and time. "A simple line is drawn in space. Elegant and luminous. Discreet but considered. It is but a mere outline – a silhouette – through which the workshop's movement, gestures and activities are played out. The work charts the extremities of the four walls and envelops a large central void. This emptiness strikes, speaks, defines, reveals, narrates..."

6. Clark wanted her exhibition to carefully consider the *whole* space – site – of production. This was a crucial aspect, intrinsic to the works she presented and a reflection of how deeply immersed she became within the spaces of the Maroquinerie de Sayat throughout her residency. Her site-specific works, placed throughout the manufacture, ran from the entrance to the very back of the workshops. These works, which she considers as "punctuations both of (the) space and this place, only unfold over the course of a promenade." The exhibition thus became a "considered choreography, riddled with implicit '*footnotes*' and tacit stage directions."

7. The work was also presented as a "sewing kit", a transparent box containing spools of thread, needles, wax and instructions.

Suspended in the air like an acrobat, *À travers* acquires undeniable poetic potential. "All the while that I worked with this incredibly *material* material, I also wished to distance myself from its very materiality – by transforming it, rendering it more immaterial." The artist instead attempted to incorporate leather into her own world, referencing qualities specific to her own work: explorations of time and of light, potentiality and production as a succession of performative actions. Nevertheless, the sensation of weightlessness was the result of a meticulous process. The circle, comprised of two arcs, is sculpted in exotic wood, reinforced with cowhide then clad in strips of bull-calf, with its edges finished and polished in white – white on white. Its diameter is 4.07 metres and its circumference 12.8 metres. Made in many steps, it is a real technical feat by virtue of its novel form and conception. Each phase – from preparing the leather to assembling the structure – was executed by the artist, in collaboration with the artisans. Alone or with two, eight or fifteen artisans, she chose the leather and the thread, measured and cut the pieces, prepared the trimmings, bevelled and glued the strengtheners,

choreographed the stitching, the stamping and the polishing of the leathers, and then assembled all the pieces to suspend the sculpture.
What might seem a purely technical process, in particular the precise measurements essential to all these elements, ultimately became the vehicle for a poetic ending. The circumference of her circle is 12.8 metres, which is also the diameter of a circus ring and the required breadth for horses to be able to gallop around.[8] This silent reference conjures images of tightrope walking, balance, dance and choreography. It further reawakens and resonates with her research into the notion of the circle: history as a cycle of eternal return, and the circle as a perfect, natural form. Clark discovered that the Latin word "circus" derives from the Greek *kyklos*, meaning "circle". Jumping back to the origins of the modern circus, when the rider Philip Astley (1742-1814) presented his equestrian exercises in what he called the "circle", Clark thus came full circle in her own work – by bridging together her inspirations and enriching them with the equestrian world with which Hermès is so deeply connected.

8. This is also the length obtained by laying end to end all the pieces of leather required to make a Birkin 30 bag.

"In the workshops, there is something extraordinary in the objects hanging or at rest, something quietly animated. An energy that is both serious and fantastical. The atmosphere blends dream and rigour, and I wanted to subtly play with these two extremes." At the heart of a manufactory dedicated to making Hermès bags, but also to developing new prototypes, the artist achieved this by conceiving a new form – gratuitous yet not without use, sparse yet not without sensuality.
On seeing *À travers*, Susanna Fritscher spoke of a "very open, theoretical proposition", as if Clark had set out to posit an equation within the workshops. An equation – or cerebral landscape – from which one can project playful and fantastical visions, but also reflect on the architecture and craft of the Maroquinerie de Sayat. *À Travers*, a work made in leather on an unprecedented scale, embodies a fourfold action: sculpting time, choreographing techniques, poeticising matter and defining space. To define space is also to create a stage on which, over several months, Clark – juggling fantasy and precision – created a work of dialogue and a window open onto technique, art and poetry.

Une publication/Published by
Actes Sud/Fondation d'entreprise Hermès

FONDATION D'ENTREPRISE HERMÈS
Président/President : Pierre-Alexis Dumas
Directrice/Director : Catherine Tsékénis
Responsable éditorial/Editorial manager : Frédéric Hubin
Chef de projet résidences/Head of Project : Manon Renonciat-Laurent

ACTES SUD
Conception graphique/Graphic design : Raphaëlle Pinoncély
Correction/Copy editor : Corinne Ghibaudo,
Lauranne Valette (français), Heidi Hellison (anglais)
Traduction/Translation : Charles Penwarden
Fabrication/Production : Géraldine Lay

Texte/Text : Clément Dirié
Légendes du portfolio/portfolio's captions : Elisabeth S. Clark ;
Page 24, *Le Danseur des solitudes* : © Les Éditions de Minuit, 2006.
Photographies/Photographs : © Tadzio, 2011

Le DVD qui accompagne cet ouvrage vous est offert.
Il présente un film réalisé par Béatrice Vernhes,
production exécutive No One, Jean-Paul Boucheny.

The complimentary DVD accompanying this book
presents a film directed by Béatrice Vernhes and produced
by Jean-Paul Boucheny (No One Productions).

La Fondation d'entreprise Hermès remercie Elisabeth S. Clark
et sa marraine Susanna Fritscher ainsi que les personnes ayant facilité le bon
déroulement de la résidence : Olivier Fournier, directeur général du Pôle artisanal
Hermès Maroquinier-Sellier, Emmanuel Pommier, directeur Production et sites,
Laurent Benezit, directeur de la Maroquinerie de Sayat, et toute son équipe.

The Fondation d'entreprise Hermès would like to thank Elisabeth S. Clark,
her mentor Susanna Fritscher and everyone who contributed to the smooth
running of the residency: Olivier Fournier, Chief Executive Officer of Hermès Maroquinier-Sellier – Artisanal Pole, Emmanuel Pommier, Associate Technical and Production
manager, Laurent Benezit, Plant Director of the Maroquinerie de Sayat, and all his team.

Ouvrage reproduit et achevé d'imprimer en août 2012
par l'imprimerie EBS à Vérone
pour le compte des éditions Actes Sud
Le Méjan, place Nina-Berberova, 13200 Arles
Ce livre ne peut être vendu séparément.

Dépôt légal
1re édition : octobre 2012
ISBN 978-2-330-00206-0

www.actes-sud.fr
www.fondationdentreprisehermes.org

Une publication/Published by
Actes Sud/Fondation d'entreprise Hermès

FONDATION D'ENTREPRISE HERMÈS
Président/President : Pierre-Alexis Dumas
Directrice/Director : Catherine Tsékénis
Responsable éditorial/Editorial manager : Frédéric Hubin
Chef de projet résidences/Head of Project : Manon Renonciat-Laurent

ACTES SUD
Conception graphique/Graphic design : Raphaëlle Pinoncély
Correction/Copy editor : Corinne Ghibaudo,
Lauranne Valette (français), Heidi Hellison (anglais)
Traduction/Translation : Charles Penwarden
Fabrication/Production : Géraldine Lay

Texte/Text : Clément Dirié
Légendes du portfolio/portfolio's captions : Simon Boudvin
Photographies/Photographs : © Simon Boudvin, 2011 : pages 11 à 18 (sauf photographie en bas, à droite), pages 19, 21 (photographies en bas), page 22 (photographie en bas) ; © Tadzio, 2011 : pages 18 (photographie en bas, à droite), page 21 (photographie en haut), pages 22 à 25.

Le DVD qui accompagne cet ouvrage vous est offert.
Il présente un film réalisé par Béatrice Vernhes,
production exécutive No One, Jean-Paul Boucheny.

The complimentary DVD accompanying this book
presents a film directed by Béatrice Vernhes and produced
by Jean-Paul Boucheny (No One Productions).

La Fondation d'entreprise Hermès remercie Simon Boudvin et son parrain Giuseppe Penone, ainsi que les personnes ayant facilité le bon déroulement de la résidence : Olivier Fournier, directeur général du Pôle artisanal Hermès Maroquinier-Sellier, Emmanuel Pommier, directeur Production et sites, Philippe Ernst, directeur de la Maroquinerie des Ardennes, et toute son équipe.

The Fondation d'entreprise Hermès would like to thank Simon Boudvin, his mentor Giuseppe Penone and everyone who contributed to the smooth running of the residency: Olivier Fournier, Chief Executive Officer of Hermès Maroquinier-Sellier – Artisanal Pole, Emmanuel Pommier, Associate Technical and Production Manager, Philippe Ernst, Plant Director of the Maroquinerie des Ardennes, and all his team.

Ouvrage reproduit et achevé d'imprimer en août 2012
par l'imprimerie EBS à Vérone
pour le compte des éditions Actes Sud
Le Méjan, place Nina-Berberova, 13200 Arles
Ce livre ne peut être vendu séparément.

Dépôt légal
1re édition : octobre 2012
ISBN 978-2-330-00206-0

www.actes-sud.fr
www.fondationdentreprisehermes.org